Grain de Sable à Saint-Pierre QUIBERON

Aux Éditions Alain Bargain

Dans la collection

ENQUÊTES ET SUSPENSE :

Séverine Le Corre-Mongin
- Drame en Morbihan
- Dernière note à Pontivy

Gisèle Guillo
- Dernier rendez-vous à Vannes
- Du Léman au Morbihan *(épuisé)*
- Tempête à Quiberon
- La Belle de Carnac *(épuisé)*
- Le Saigneur de Quimper *(épuisé)*
- Vol de pigeons à Arradon *(épuisé)*
- Cash-cash au Crouesty *(épuisé)*
- Le Diable noir de Saint-Cado
- Clair-obscur à l'Île-aux-Moines *(épuisé)*
- Port-Louis, les ombres de la citadelle
- La Maison au bord du Golfe *(épuisé)*
- Les Amants Terribles de La Trinité
- Étel coupable ?
- Danger à Saint-Goustan

Catherine Schubert
- Odeur de sang à Penvénan
- Le vilain de la Vilaine
- Sacré moine à Dinard
- Lucifer à Saint-Philibert

Rémi Devallière
- L'esprit d'Hoëdic
- Calculs sévères à Saint-Nazaire
- Sacré bidule à Pornichet
- "Pari" au mois d'août
- Piriac et son caillou mystérieux
- Vol 744 pour Le Pouliguen
- Pornic, Poste restante
- Nantes, le passager du Jules Verne
- Contre-courants au Croisic

Jean-Louis Kerguillec
- Carantec à corps perdu
- Enlèvement en Baie de Morlaix *(épuisé)*
- Mauvaise passe sur l'île Callot
- Les Amours Noires du Léon
- Le disparu du Taureau
- Frai*zh* Connection
- Le Crapaud de l'île de Batz
- Saint-Pol, cathédrale infernale
- Pêche d'enfer à Cléder
- Le rôdeur des grèves

Élisabeth Mignon
- Fontaines mortelles à Quimper
- Jardins funèbres en Cornouaille
- Déferlantes au Guilvinec
- Cadavres exquis à Châteaulin
- Ultime refuge à La Forêt-Fouesnant
- Silences sur la Baie
- Cauchemars à Plozévet

Jean-Michel Arnaud
- Cavale à Brest
- Blues en Rafale à Landivisiau
- Le bagad bombarde à Quimper
- Loto létal dans le Léon
- Fresque de sang sur le Ponant
- Lettres mortes à Lannilis
- Lame scélérate à Morgat
- À bout de souffle à Landerneau
- Brest, scène de crimes
- Allers simples pour Ouessant
- Peur bleue à Portsall
- Intox à Carhaix

Pierre Engélibert
- L'Ours du Finistère
- Drôle d'oiseau à Brest
- Lavandières rouges à Daoulas
- Complot en Cap-Sizun

Gérard Croguennec
- Voile épais au Conquet *(épuisé)*
- Brest, Abri 668
- Morlaix en eaux profondes
- La martyre du Conquet
- Le silencieux du Conquet
- Effet papillon sur le Brest-Lyon

Philippe-Michel Dillies
- Meurtres à Monnaie *(épuisé)*
- Chasse à Tours *(épuisé)*
- Train d'enfer pour St-Pierre-des-Corps *(épuisé)*
- Les roses noires de Chartres *(épuisé)*
- Du raisiné à Vouvray *(épuisé)*
- Partie truquée à Descartes
- Embrouille à Amboise *(épuisé)*
- L'écheveau de Blois
- Anicroches à Loches
- Murmures en Saumur
- Les plumes noires de St-Cyr-sur-Loire
- Clash à Tours

Simone ANSQUER

Grain de Sable à Saint-Pierre QUIBERON

Collection

ENQUÊTES & SUSPENSE

Quadri Signe - Editions Alain Bargain
125, Vieille Route de Rosporden - 29000 Quimper
E-mail : contact@editionsalainbargain.fr
Site Internet : www.editionsalainbargain.fr
Facebook : https://www.facebook.com/editionsalainbargain

Aux Éditions Alain Bargain

Dans la collection

ENQUÊTES ET SUSPENSE :

Marie Vaillant
- Chantage Bigouden
- Les corps mourants de Plozévet *(épuisé)*
- Vague blanche au Pouldu
- Malaise sur la côte lorientaise
- Vie de château à Pont-L'Abbé
- Locronan a la gueule de bois *(épuisé)*

Vincent Cabioch
- 5 Diables Verts à Huelgoat

Christophe Chaplais
- Pâté de Corbeau aux amandes amères *(épuisé)*
- Le calisson jusqu'à la lie
- Farz aux herbes de Portsall
- Addition salée au Croisic
- Salade russe aux noix de Grenoble *(épuisé)*
- Fourchette mortelle à Chinon *(épuisé)*
- Soupe de Crabes à Brest
- La face cachée des Étoiles *(épuisé)*
- Mélodie gourmande à Guérande
- Le trésor de la côte des Légendes

Bernard Kopka
- Secret de tombe à Paimpol

Solenn Colléter
- Lettres de sang sur la Côte Sauvage

Jean-Pierre Farines
- Brume sur la Presqu'île
- La route de Rocamadour
- Le Phénix est mort à Camaret
- Cercueil vide en Mer d'Iroise

Patrick Bent
- Erquy profite le crime *(épuisé)*
- Le macchabée du Val-André *(épuisé)*
- Saint-Cast priez pour eux ! *(épuisé)*
- Hécatombe à Saint-Malo *(épuisé)*
- Nuit noire à Dinard *(épuisé)*
- Algues fatales à Erquy *(épuisé)*
- Rock'n'Roll à Lamballe
- Pluie de fiel sur Fréhel
- Arnaque à Erquy

À Samuel et Thomas,
mes neveux.

Aux Éditions Alain Bargain

Dans la collection **POL'ART :**

Serge Le Gall
- Sombre dessein à Pont-Aven
- Meurtres du côté de chez Proust *(épuisé)*
- Eaux-fortes à Ste-Marine *(épuisé)*
- Ciel rouge au Pouldu *(épuisé)*

Loïc Gourvennec
- Le râle du basson *(épuisé)*

Yves Horeau
- Monsieur Butterfly *(épuisé)*

Renée Bonneau
- Nature morte à Giverny *(épuisé)*
- Séquence fatale à Dinard *(épuisé)*
- Sanguine sur la Butte *(épuisé)*

Stéphane Jaffrézic
- Toiles de fond à Concarneau
- Le Rubis de Châteauneuf-du-Faou

PROLOGUE

5 janvier - Londres - À l'aube.

Froisser, déchiqueter, manger la feuille. Hélène Cornwell se tenait prête à mâcher le papier. Elle voulait mourir, étouffée… par l'énormité de la nouvelle.

On ne meurt pas d'une boule en travers de la gorge, non, pas de la fibre de cellulose mais d'une balle. Voilà, sortir le revolver du tiroir, se coller le canon dans la bouche et surtout ne pas hésiter, presser la détente.

Sa cervelle explosera sur le sol vitrifié. Clean, bureau immense où, indubitablement, rien ne traîne, et la femme de la société de nettoyage la retrouvera là, au petit jour. Saleté de sang, qui colle, qui poisse, qui salit bien, impossible à enlever ; et puis du cerveau intelligent partout avec des bouts d'os éclatés, écœurant, pas plus beau qu'un cerveau de crétin ! Saleté de suicide qui perturbera dès le lever la femme au labeur. Aspirateur en main, elle hurlera puis sanglotera à la vue du précieux bois, dorénavant souillé à tout jamais. L'hémoglobine, ça tache gravement.

Imaginer cette quelconque employée découvrir son

crâne en mille morceaux amena la bile sur le bord de ses lèvres. Non, madame Cornwell ne pleurait pas, jamais. Nulle larme de bonheur, nul sanglot de peine. Uniquement, elle s'étranglait de vivre… alors qu'elle venait d'atteindre son but. Par sa découverte, elle ferait trembler l'humanité entière.

Monsieur X entra, elle jeta la boule dans la corbeille, négligemment, comme si de rien n'était.

Geste brusque, viril, la large paume de l'homme écrasa la photo. Le bureau de verre trembla. De sa voix rauque, il affirma :

— Notre homme s'appelle Jim Flemming.

— *My God*, il lui ressemble tant ! s'exclama Hélène Cornwell.

Par ces six mots, elle venait de signer son propre arrêt de mort.

I

JIM FLEMMING

Vannes - France.

De l'autre côté de la Manche, la calligraphie de l'étiquette lui fit tirer sa petite langue.

— Béta... caro... tène, œu... ffrais, géli... fiants. Tout ça ne plairait pas du tout à maman, peut-être les œufs ?

— On ne le lui dira pas, alors tu peux manger ta madeleine.

Jim débarrassait les miettes du petit-déjeuner, le regard tourné vers la fenêtre située au-dessus de l'évier. Des cordes, pire des seaux, il pleuvait dru ce matin. Satané hiver humide, qui encrassait son esprit. Vilaine mélancolie.

Nullement affectée par la météo, la petite voix de derrière le bar poursuivit son questionnement :

— Et dans le coca, il y a quoi ?

— Mon petit Ben, je qualifierai de mystérieux, ton breuvage made in US.

— De la réglisse ?

— Et plus si affinités… Un grand cru sirupeux, une bonne cuvée en bouteille de verre. Imagine du Château Margaux en cannette…

— C'est meilleur du coca en vraie bouteille qui casse. C'est quoi un grand cru ?

Jim tourna la tête, s'apprêtant à se lancer dans une tirade œnologique teintée de pédagogie mais Ben coupa tous ses effets en optant pour un tout autre sujet. Soudainement, il lança :

— Tonton, pourquoi t'as pas de femme ?

Le torchon glissa, Jim le rattrapa au vol. Imprévisible, l'interrogation du bout de chou de sept ans venait de le désarçonner. Cruelle et juste, cette question, personne n'osait la lui poser en face. Son instabilité amoureuse faisait de lui un célibataire invétéré, comportement suspect pour tous mais seul un enfant lui lâchait le pourquoi.

— T'as pas trouvé ? renchérit le petit.

— Je suis probablement un handicapé du sentiment.

L'enfant toisa son oncle de bas en haut et de haut en bas, puis s'affola, en quête de la jambe trop courte ou du bras en moins. Rien, son oncle était capable de lui faire toucher les cumulonimbus lorsqu'il le hissait sur ses épaules. Ce handicap dont il parlait, était gravement et carrément invisible. Quoique… il y eût bien les quatre doigts à une main, cela faisait branlant… et classe tout à la fois, une sorte de signe distinctif pour les extraterrestres.

Jim se ravisa :

— J'ai mal cherché.

Rassuré, le gamin balança ses pieds qui vinrent taper le bar en inox. Juché sur un tabouret, un grand verre de coca avec paille, posé sur le comptoir, lui faisait les yeux doux. Il enfourna dans sa bouche un morceau de madeleine, tout en affirmant :

— Y a des sites pour ça.

— Tu veux parler d'Internet.

— Oui, pour les pas mariés. On trouve tout sur le Net, c'est papa qui le dit.

— Et toi, tu as une petite copine ?

— Deux, Lola et Ève, elles sont dans ma classe.

Benjamin, qui se faisait appeler Ben, était un tombeur depuis la maternelle. Fidèle et infidèle, amoureux et volage, le bambin comptait volontiers fleurette et offrait toujours des bagues en rubis de verre, à chacune de ses dulcinées.

— Tu n'as qu'à mieux fureter, dit naturellement l'enfant.

— Et où ?

— Au travail, dans ta rue, tu peux même venir explorer dans ma ruelle si tu veux…

Jim esquissa un sourire. La réponse se voulait simple et si juste. Le bon sens enfantin balayait en douceur toutes les statistiques sur les lieux de rencontres.

Le garçonnet prit un air grave.

— Si je t'en trouve une, tu me donneras vingt et un euros ?

— Une femme vaut vingt et un euros ?

— Je ne sais pas mais mes dix poils de mammouth… des glaces de Sibérie, oui.

Jim ouvrit grand les yeux.

— Oui, aux enchères sur le Net ! s'exclama Ben.

Le sifflement de Jim, un connaisseur en paléontologie, le fit jubiler.

Son oncle, en qualité d'expert, statua :

— C'est d'accord, je monterai jusqu'à quarante euros au cas où le prix de ta toison grimpait dans les jours à venir. Impossible de laisser passer une telle affaire !

Ben leva sa menotte et sa paume vint frapper celle de Jim. Il était ravi, la négociation avait été rapide.

— Bon alors, comment serait ta femme IDÉALE ?

Jim s'assit sur un tabouret à côté de son neveu et oublia que le petit était en cours élémentaire première année. La question, plus que sérieuse, valait la peine d'y réfléchir.

Perles de Coca, de la paille au moelleux du gâteau, Ben en bavait d'avance.

Il se retint, prêt à l'attaque d'une nouvelle bouchée, son gosier lança le jeu :

— Alors, les yeux ?

— Peu importe. Marron, verts ou bleus comme les nôtres.

— Les cheveux ?

— Sans importance.

Dégustant enfin, le gamin marmonna :

— …Pas clair. Tu dois… te concentrer, il y a de l'argent à la clé.

La bouche pleine, Ben commençait à perdre patience et soupira bruyamment. Son oncle trancha :

— Disons brune aux yeux bleus et pas trop grande.

Ben s'impatientait, il articula :

— Quel… âge ?

Jim s'enfonça dans un monde grimaçant, celui de la réflexion muette. Son coude sur le zinc, sa main empoigna son visage, l'index sur les lèvres et le pouce sur la joue. Ses sourcils bruns partirent en accent circonflexe.

Ben observait l'attitude étrange de son oncle, suivait les mimiques et reprit les choses en main, se doutant que la question était ardue.

— …Et toi, tu as quel âge ?

— Bientôt quarante ans.

— Alors trente-neuf.

— Tu peux élargir, de trente à quarante.

Pour Ben, la notion d'âge demeurait obscure. Cette fourchette possédait des dents si larges que ses sept ans formaient une poussière de temps que considérait à peine son oncle.

— Comme maman, donc ?

— Parfait.

— Facile, Virginie, sa copine de bureau. Elle n'a plus de mari et ça la fait tourner en bourrique. Maman n'arrête pas de le dire.

— Non, pas Virginie. Ton père a déjà eu la même idée.

— Il a négocié à combien ?

— Ton père est mon frère, aussi… cadeau.

— J'ai compris pour Virginie. Ce n'est pas une princesse et tu cherches une princesse, en plus intelligente. Pas du tout cuit pour mes quarante euros, tu as bien dit quarante…

L'enfant lécha ses doigts, descendit de son tabouret, positionna son cartable sur ses omoplates et tenta de fermer les boutons de son parka. Dents serrées, l'affaire du boutonnage s'avérait délicate et Jim ne semblait aucunement prêt à l'assister dans sa tâche. Sa maman lui aurait rajusté le tout en un frôlement de doigts, trouvant l'œillet qui va bien avec le fichu bouton qui résiste, mais voilà un oncle cela ne voyait pas ces tourments-là. Pourtant, Ben adorait par-dessus tout prendre le petit-déjeuner chez Jim, parce qu'il lui offrait des plaisirs interdits comme un soda glacé.

Sa mère le laissait parfois passer toute une nuit chez son vieux copain, dans tous les sens de cette drôle d'expression, “vieux” et néanmoins “copain”.

Rare, cet événement s'accompagnait de plein de précautions du genre « Tu devras bien te tenir » qui se transformait vite en « Je vais faire la fête du diable en culotte courte qui saute sur la banquette avec le feu aux pattes ». Pour son petit ange, elle préparait alors un sac de voyage avec le pyjama qui sentait bon la lavande, les vêtements du lendemain bien rangés avec des plis de fer à repasser et le fameux panier petit-déjeuner diététique.

Avant d'abandonner son fils entre les mains d'un célibataire sans enfant, Pauline prodiguait toujours à son oncle mille conseils, une fois à l'oral mais aussi par écrit. Une longue liste reprenait ce qu'il fallait faire en matière d'éducation parentale pour les heures à venir : le coucher à 20 heures 30 précises, lui interdire de grignoter des cochonneries etc. Dès que sa mère avait franchi le pas de la porte, Ben se ruait sur les dites cochonneries dans le placard secret, celui en métal argenté de la cuisine en verre. Le trésor fleurait le merveilleux, des nounours en chocolat, des fraises tagada, les tournicotis gluants qui piquaient si fort la langue, comme un plat de pâtes trop chaudes, succulent picotement. Le lendemain matin, le panier, petit-déjeuner diététique composé de céréales, fruits et lait, se transformait en soda et gâteaux suintant de beurre. Jim adorait son neveu, Pauline savait exactement que rien ne se déroulerait comme elle l'avait prévu. La soirée qu'elle s'accordait de temps à autre en amoureux avec Sébastien, le frère de Jim, se révélait un bonheur pour tous.

Ce 5 janvier, Jim accompagna son neveu à l'école, sous une pluie battante. La maîtresse fit la grimace en retirant le parka trempé du petit et Ben lui lança :

— Mon oncle est un handicapé du sentiment… Oui, il n'a pas pu m'aider pour les boutons, il est malvoyant.

Ce “beau mot”, son père l’employait toujours pour le voisin, l’aveugle avec le gros chien jaune.

Ben rejoignit sa chaise, fit un clin d’œil charmeur à Lola et l’institutrice murmura : « Tristesse ! ».

Dans les heures qui suivirent la petite conversation entre hommes, Ben se mit en quête d’une princesse pour son oncle. Dans la cour de récréation, il détailla madame Roussel, la directrice, puis oublia sa mission, pris par dans le tourbillon de sa vie insouciante, remplie de fiancées de sept ans.

Jim, quant à lui, repensa sur le chemin du bureau, à cette gifle arrivée sans prévenir, portée par l’innocente menotte de son neveu. Ben avait pleinement raison, pourquoi vivait-il seul et n’avait-il pas fondé une famille ?

Jim prit conscience qu’il était devenu un vieux garçon de trente-neuf ans. Sa jeunesse s’empoussiérait dans une malle pleine de photos, les visages de ses conquêtes amoureuses se désagrégeaient sur du papier jauni. Désagréable évidence.

II

LA RENCONTRE

Six mois plus tard, une brise printanière soulevait les jupes légères des Vannetaises. Jasmine n'était absolument pas citadine, aucunement adepte du jupon et n'aurait jamais dû croiser la route de Jim. Ce 7 juin, fut le jour de la rencontre improbable de Jasmine Milan et de Jim Flemming.

« Seigneur, délivrez-moi du mal », psalmodiait la petite voix intérieure de Jasmine. Sa tête implosait, pleine de Jésus Marie et de prières, son corps se liquéfiait à chaque dixième de seconde. Complètement dépassée par les événements, son dimanche matin démarrait comme dans un film à la Tarentino, désordonné et totalement terrifiant. La poitrine collée au volant de sa Twingo, elle embrayait tout en débrayant avec un homme qui braquait un revolver sur elle. La sueur perlait sur son front et ruisselait le long de son nez. Une goutte s'accrocha désespérément à la monture en écaille de ses lunettes. Ses verres se teintèrent d'un épais brouillard, embués par la vapeur de ses angoisses. Aveugle, en sursis.

Assis côté passager, Jim sentait son esprit s'emballer. Il pensait « Qu'est-ce que je suis en train de faire ? Ma main tremble, elle le sait, elle le sent. Et si elle fonçait sous les roues du camion de déménagement ? »

Jim dit d'une voix posée :

— Conduisez calmement, suivez le flot de la circulation et il ne vous arrivera rien.

Rien ! Jasmine songea instantanément à accélérer. S'encastrer volontairement sous le 38 tonnes qui roulait devant sa voiture, voilà ce qu'elle allait en faire de ce « rien ». Son talon joua d'indécision, frétillant sur la pédale d'accélérateur. Le scénario dramatique défila à toute vitesse, « les airbags fonctionnent, les pompiers interviennent très vite, je suis réanimée, miraculeusement sauvée. Mais si leur appareil de réanimation ne marchait pas, un défaut, maudite technicité, je mourrais alors dans l'accident. Non, je ne perdrais pas connaissance, je serais juste blessée, sans gravité… Je ne peux pas mourir. »

Jasmine donna un grand coup de frein. Jim bascula en avant. Serrant machinalement son arme, il haussa le ton :

— Surtout ne tentez rien, il est chargé !

Capable de prononcer des mots aussi terribles ? Il ne l'aurait pas cru, pourtant il venait de les hurler. C'était comme si un autre parlait par sa gorge. Il se répétait : « Pourquoi me mènerait-elle jusque chez elle ? Elle va obtempérer parce que je suis un monstre et qu'elle a peur de moi, alors je vais exiger, non, lui proposer… »

— Où habitez-vous ?

Jasmine ne répondit pas, incapable d'articuler le moindre son. Seule, sa voix intérieure lui susurrait « Pourquoi je lui dirais où je réside ? Je vais foncer et m'arrêter pile devant le commissariat. »

Au premier feu rouge, elle sentit un liquide chaud filtrer de son corps. De frayeur, elle venait de mouiller sa petite culotte. Sa main droite quitta le volant. Elle essaya maladroitement de tirer sur son jean humide qui lui collait aux fesses. En proie à une horrible gêne, elle en oublia même le critique de la situation.

— Arrêtez de bouger ! Direction chez vous ! cria Jim.

Il ne savait plus où il en était et la jeune femme ne cessait de gesticuler. Elle pilotait si mal, du genre première leçon de conduite ! Subitement, il se demanda si sa vie n'était pas réellement en danger depuis qu'il était monté avec elle. La Twingo avançait par à-coups, un automobiliste rageur fila des coups de klaxons d'avertissement. Cela énerva encore plus Jasmine, qui tremblotait tout en faisant crisser le boîtier de vitesses. Sa réflexion s'épuisait, sa voiture la ramenait à son domicile par habitude, ce véhicule satanique obéissait à cet individu. Ce tueur le vampirisait. Son bolide dépassa le commissariat sans broncher. Ahurie, elle rentrait chez elle, contre sa volonté. Lorsqu'elle coupa le contact net, devant le parking de son immeuble, Jasmine se raidit et se transforma en minéral. Son serre-tête se mit à glisser sur son front de granit. En se métamorphosant en pierre, elle espérait devenir invincible. Jim souffla un bon coup, son cœur battait si fort ! Il ne la regarda pas, il ne la voyait pas. Selon lui, ils avaient frôlé l'accident une bonne demi-douzaine de fois.

Calme, le quartier résidentiel l'était. Jim baissa son revolver et, avec une politesse excessive, proposa à sa conductrice de sortir. Impassible, Jasmine se décomposait dans l'attente de la mort. Soudain, la rocaille qui enserrait son âme explosa en mille morceaux. Consciencieusement, elle retira ses lunettes et en essuya les verres avec le col Claudine de son chemisier. Après cette gymnastique quasi religieuse, elle replaça bien droit son serre-tête et se tourna vers Jim. Elle n'osait porter les yeux sur lui. Menton levé, scrutant le plafonnier, elle n'eut qu'une requête :

— Je veux prendre les boîtes pour mon chat !

Jim, pétrifié par ce qu'il venait de commettre, ne sut quoi lui rétorquer.

III

L'IMMEUBLE

Jasmine habitait au quatrième, dans un hôtel particulier sans ascenseur. Elle avait lu dans un magazine féminin que prendre les escaliers quotidiennement faisait consommer un tas de calories, petit mais insoupçonné. Avec un ascenseur, elle ne serait jamais montée à pied. Au bureau, elle ne le constatait que trop bien, elle ne prenait jamais l'escalier. Ce matin-là, elle bénissait cette absence, elle aurait peut-être la chance de rencontrer sur un des paliers un voisin qui alerterait la police. Jasmine avançait devant Jim, tout en tirant sur son chandail qui dépassait de son blouson, tentant de dissimuler l'auréole qui ornait lamentablement son jean.

Dans le hall, ils ne virent personne. Jasmine se dit alors que, de toute façon, même si elle se mettait à crier, personne ne viendrait à son secours. Elle vivait depuis plus de sept mois dans cette résidence et ne connaissait âme qui vive, hormis Barbara. Si elle croisait de temps en temps les résidants, ce n'était qu'un poli bonjour qu'elle leur accordait. Pourtant, elle détenait une solide connaissance de tous par les dires de sa défunte tante qui lui avait légué son appartement.

Sur le palier du premier étage, elle traîna les pieds, espérant que madame Brownsky, toujours à l'affût du moindre commérage, se précipite pour jeter un œil. Non, le dimanche, elle allait au casino… Diablerie que ces jeux !

Au second étage, elle ralentit le pas, espérant que le couple d'homosexuels qui domiciliait là, sortirait bras dessus bras dessous avec leurs paniers en osier en prime. Il n'en fut rien.

Au troisième, elle s'agrippa à la rambarde, marquant un temps d'arrêt. Fixant la porte en bois sur sa droite, elle pria pour voir apparaître madame Polard. Celle que ses petits-enfants appelaient « Bonne maman », était une adepte des voyages organisés pour seniors. Vraisemblablement à l'étranger, sa silhouette ronde n'apparut pas sur le seuil.

Jasmine jeta un regard furtif vers la porte de gauche, elle claqua bruyamment des talons. Le couple de jeunes mariés âgés de soixante-dix printemps, partisans eux aussi des excursions au bout du monde portaient tous deux un appareil auditif. Maudite vieillesse malentendante qui s'emmure dans l'intimité ! Rapprochés par leur surdité, monsieur et madame Chabert venaient de convoler en secondes noces. Tous deux veufs, un dîner entre amis avait provoqué leur rencontre inespérée. Jasmine s'en voulut, à s'en mordre la lèvre, de ne pas avoir accepté leur invitation de la semaine passée. Ils auraient parlé avec grandiloquence de leur amour sur le tard, elle les aurait invités à son tour à prendre le thé ce dimanche en début d'après-midi. Pas de petits gâteaux, aucun biscuit dominical et donc, ils ne viendraient pas la sauver de ce fou. Jasmine ne rencontra personne.

Au dernier étage, elle sortit un trousseau de son sac et se tourna vers Jim.

— Voilà, voilà la clé.

Puis de plus en plus fort, elle répéta :

— La clé, la clé, la voilà !

Jasmine espérait que ses petits cris hystériques attireraient Barbara, sa voisine et unique amie. L'effet escompté ne se produisit pas. Jim ouvrit la porte et, d'un signe courtois de la main, l'invita à passer la première, sans un mot. Il lui était reconnaissant de ne pas avoir vociféré ou tenté quoi que ce soit. Il aurait compris qu'elle se mette à hurler et là n'aurait su que faire. Rien, il ne s'était rien passé. L'arme en main, il franchit enfin le seuil de l'appartement.

IV

L'ANTRE

Les tentures de velours rouge masquaient le jour extérieur. Une pendule en bronze sur la cheminée, un salon style Empire réfugié dans un coin, la pièce s'emplissait du vide des hauts plafonds, plongée dans une semi-pénombre. Jim fut troublé par l'ambiance apaisante, voire excessivement sereine de cet univers. Et ce Christ sur sa croix, accroché au mur, en imposait. Il y perçut un signe du destin.

— Je reçois peu, murmura Jasmine à son kidnappeur.

Cette remarque, idiote en la circonstance, lui était sortie tout naturellement. Elle songea que cet homme, bien que n'ayant pas des intentions très claires, était son premier visiteur masculin depuis son occupation des lieux.

Jim ne savait comment agir, il parla à voix basse, pour ne pas effrayer, sur le ton de la confidence, grotesque :

— Restez… tranquille, je ne vous veux aucun mal.

Jasmine, au bord de l'implosion de la vessie, sautillait sur place. Soudain, un cri terrible s'éleva, provenant de son bas-ventre :

— Le petit coin ! Je pourrais y aller ?

Jim plissa le nez. Avait-il bien entendu ? Elle annonçait un angle de la pièce, non, elle devait vouloir dire les toilettes. Serrant la crosse, il respira, sauvé par cette solution inattendue qui lui offrait un répit.

— Excellente idée ! Enfermez-vous dans les cabinets !

La jeune femme s'apprêtait à détaler, lorsque Jim la retint par la manche de son blouson, déformant celui-ci.

— Laissez votre cabas... Pas de portable ?

Le sac s'affala sur la moquette, les boîtes pour chat roulèrent, heurtant le marbre de la cheminée. Il la laissa fuir à sauts ridicules, puis coinça une chaise contre la poignée de la porte du dit petit coin. Après avoir posé son arme sur un guéridon, il s'écroula sur le canapé.

Jasmine, enfin libérée de son envie pressante, prit pleinement conscience de sa situation. Elle avait pour habitude de veiller tard le soir, scotchée devant son petit écran à dévorer toutes les séries policières américaines. Toutes étaient truffées de violeurs, de tueurs, de serial-killers et de victimes de ces derniers. Elle s'imagina être la victime d'un kidnappeur et peut-être d'un tout-en-un "violeur, tueur en série". Ces hommes terribles cultivent le sadisme et finissent toujours mal mais les victimes n'en réchappent jamais. Ce qui la perturba, c'était que ces histoires de police scientifique new-yorkaise prenaient toutes pour héros justement les spécialistes de cette police et jamais les victimes. Jasmine se retrouvait dans la peau de la malheureuse, celle que l'on entraperçoit allongée à la morgue, au début du film.

Elle sortit de dessous son pull une chaîne en or. Ses quatre médailles de saints à pleines mains, elle se mit à prier. Elle pria saint Pattern, saint Cado, saint Christophe et saint Barnabé de venir la délivrer du mal, de la sortir de son réduit.

Jim était effaré par ce qu'il venait de faire, kidnapper une femme. Si la police mettait la main sur le meurtrier d'Hélène Cornwell, il n'en restait pas moins qu'il risquait les assises pour ce qu'il venait de commettre, un rapt en bonne et due forme. Il avait pointé son arme sur cette malheureuse jeune femme l'obligeant à le ramener chez elle.

S'il se sentait coupable, son problème résidait toutefois ailleurs. C'est lui qui, actuellement, se retrouvait en danger de mort. On avait tué Peter et on avait voulu l'assassiner en sabotant sa voiture. Il fuyait des « on » sans visage, terrorisé par ces anonymes. Jetant un coup d'œil à son environnement, il se dit que cette cachette tenait de l'extraordinaire et que jamais personne ne viendrait le débusquer dans ce havre de paix.

Dans le living, il y avait peu de mobilier, mais d'excellente facture, ce qui cadrait tout à fait avec le look décalé et vieille France de la propriétaire. Elle était célibataire, Jim en était convaincu. La remarque qu'elle avait faite en indiquant qu'elle recevait peu, le confortait dans ce sens, ce qui le rassura. Personne n'allait venir l'importuner ici et la demoiselle semblait s'être trouvée un lieu à l'écart. Jim sentit que ses palpitations cardiaques revenaient à la normale. Il souffla, tentant de réfléchir.

Un contact le fit sursauter. Un rondouillard de chat roux venait de se coller entre ses chevilles. L'animal ronronnait, espérant la caresse. Jim, allergique aux poils, éternua. Le félin se mit à pousser des cris de guerre en fixant l'intrus. Le poil hérissé, les griffes en avant, la grosse bête se rebiffait, prête à bondir. Jim se leva en prenant soin de s'écarter du tigre, furetant en quête d'une télévision. Bientôt treize heures et le journal télévisé allait probablement parler de l'assassinat. Dans la minuscule cuisine toute en longueur, un poste de télévision tout aussi lilliputien trônait sur une table en formica vert, terni par les ans. Jim l'alluma. Cinq minutes plus tard, aux infos de la mi-journée, le visage d'Hélène Cornwell s'affichait à l'écran. Choc qui martela ses tempes. Là, sur les images d'archives, elle revivait. Brune, les yeux d'un bleu profond, elle serrait des mains en souriant, lors d'une cérémonie officielle. Cette apparition furtive tétanisa Jim. Il y avait seulement deux jours, il l'avait tenue dans ses bras.

Le présentateur, des trémolos dans la voix, évoqua

une perte tragique pour le monde des affaires, une Angleterre en deuil avec ce terrible meurtre sur le sol français d'une de leurs ressortissantes si estimée. Le reportage ne dura pas plus de trois minutes. Sur l'enquête, c'était le black-out ; par contre, sur l'empire de cosmétiques que dirigeait cette femme, on proposait en boucle des commentaires financiers. L'argent semblait être au cœur du problème avec un groupe côté en bourse, des milliers d'emploi en jeu et, malchance ultime, aucune descendance pour ladite Cornwell. La businesswoman, en disparaissant de façon dramatique et soudaine, laissait derrière elle une holding et des filiales endeuillées. Les dernières paroles du journaliste le glacèrent. Une source proche de la police avançait la piste d'un homme en fuite qui avait passé l'ultime nuit auprès d'elle. Jim rongea nerveusement l'ongle de son pouce, si le terme vulgaire "d'amant" ne fut prononcé, il était suggéré, et cela le faisait suer de par tous ses pores. Cette mort, quelqu'un devait bien en tirer parti. Ce quidam machiavélique avait commandité cet assassinat en mettant en place un stratagème qui avait déjà coûté la vie à deux personnes. Il était le troisième sur la liste, lui, le suspect numéro, l'amant d'une nuit.

Qui était réellement Hélène Cornwell ? Il savait si peu de chose sur elle… Quelques futilités comme son goût pour la glisse à Megève et leur passion commune, la paléontologie. Pourquoi lui, pourquoi elle ? Il devait savoir, la "googliser" sur l'instant, faire appel au Maître, à Internet. Frénétiquement, il se mit à chercher un ordinateur. Après avoir fait le tour du salon et de la cuisine, en vain, il poussa la porte de la chambre et là, il resta coi.

Le lit était relégué dans un angle car ce n'était pas ce qui importait dans cette pièce. L'important s'exposait sur la moquette : un portrait de Tom Cruise.

Les pièces du puzzle étaient presque toutes en place, il manquait uniquement à l'acteur américain son nez. Encore une dizaine de cartons et Tom Cruise aurait toute sa face. Énorme, le sourire du comédien s'étalait sur le sol. La photo reconstituée devait faire au moins quatre mètres carrés. Jim n'osa pas franchir le seuil, de crainte de marcher sur la face géante. Tom avait envahi non seulement la moquette mais aussi la DVDthèque de Jasmine. Des DVD s'empilaient sur un lecteur esseulé, nullement relié à un quelconque écran. Jim pencha la tête pour lire les titres des films : Mission impossible I et évidemment II, Minority Report en VO, Top Gun…

Jim, aucunement adepte de la star américaine, se demanda ce que toutes les femmes pouvaient bien lui trouver. Scrutant les dents blanches posées sur la moquette, il pencha pour son sourire de tombeur.

Jim ne trouva aucune trace d'ordinateur, referma doucement la porte de la chambre et s'inquiéta. La fan était captive depuis près de dix minutes, il ne l'entendait pas. Il frappa à la porte dudit petit coin et questionna :

— Vous allez bien ?

— Oui, excellemment bien.

— Vous voulez sortir ?

— Non, je préfère rester là, à moins que vous n'ayez une envie urgentissime…

— Non, ça va, je vous laisse.

Feutrée, la conversation était totalement surréaliste. Jasmine se renfrogna, elle se demandait combien de temps, elle allait devoir rester assise sur la lunette des cabinets. Jim, de son côté, savait ces minutes de répit indispensables à sa cogitation et la jeune femme était sage comme une image. Il doutait même de pouvoir la déloger de sa cachette, elle avait dû s'y enfermer. Il n'essaya pas de voir si le loquet était poussé.

Jim pour trouver l'inspiration en urgence, éprouva le besoin de se réconforter. Ce réconfort prenait généralement la forme d'une douceur gourmande. Il se dirigea vers la cuisine, lieu propice à la réflexion créatrice qui lui manquait tant. Il devait agir, vite mais dans le calme. Posant la main sur la poignée du réfrigérateur, il eut un moment d'hésitation, n'allait-il pas trouver la tête de Tom Cruise sous forme de petits-suisses ? Il entrouvrit tout de même et tomba sur une pile de boîtes de gâteaux, des Chamonix glacés à l'orange. La femme qui vivait là avait deux obsessions, Tom Cruise et les friandises. Pour l'acteur, il n'était pas partant mais pour les petits dômes de douceur orangée, il partageait. Jim prit une boîte et l'ouvrit délicatement. Sur du papier argenté, deux rangées de sucreries glacées s'alignaient. Après avoir décollé l'une d'entre elles, il la croqua, l'appréciant en gourmet. Le sucre allait booster son esprit, lui offrir l'idée lumineuse pour sortir de ce cauchemar. La boîte dans les mains, il se mit en quête d'un téléphone fixe, se servir de son portable lui apparut trop risqué.

Pour Jasmine, si l'inconnu ne l'avait pas violée physiquement, le viol avait quand même eu lieu. Il fouillait dans tout son appartement, pénétrant son intimité, ses secrets les plus enfouis. Il s'était introduit dans sa chambre, elle l'aurait parié. S'il farfouillait dans son réfrigérateur, c'en était fini pour elle.

Elle se vit nue devant Tom Cruise avec un Chamonix dans la bouche, cachant ses rondeurs et incapable d'articuler. Le viol était consommé.

V

HELP

De l'aide Jim lécha nerveusement son pouce. Le sucre glace, bien que savoureux, passait mal. Accroupi, il scrutait les angles et le parquet de chêne, suivant le câble électrique qui courait sur la plainte. Soulagé, il dénicha enfin le téléphone posé à même le sol, derrière une panière à bois. Seul, Sébastien pourrait venir à son secours. Il composa le numéro de son frère. Son portable étant sur messagerie, il ne laissa aucun message. Il eut plus de chance à son domicile, Pauline décrocha.

— Allô ?

— Pauline, c'est Jim. J'ai absolument besoin de parler à Sébastien. Il est là ?

— Jim ! Mon Dieu, est-ce que c'est toi qui as tué cette femme ?

— Non ! Alors… tu es déjà au courant ?

— Tu dois te rendre à la police et immédiatement !

— Je n'ai rien fait, je te dis ! Où est Sébastien ?

— Au commissariat !

— Qu'est-ce qu'il fait là-bas ?

— Il est entendu pour le meurtre d'Hélène Cornwell.

Pauline se mit à gémir au bout du fil puis fondit en larmes. Jim s'exclama :

— Je n'ai rien fait de répréhensible ! Pauline, tu dois me croire et le dire à mon frère. Je te contacterai plus tard.

Jim raccrocha. Il se frotta la nuque, l'acier du couperet de la guillotine lui glaça la chair. Le futur condamné respira un bon coup. Savoir son frère devant les autorités judiciaires le mettait hors de lui... Non seulement il s'était mis dans la pire des galères mais, en plus, entraînait sa famille dans la tourmente...

Son portable se mit à sonner. Jim sursauta et se garda bien de répondre. Ce pouvait être la police ou les tueurs qui étaient à ses trousses. Sa messagerie se mit en route.

— C'est à nouveau Pauline, je téléphone à Ferroni. Il va nous sortir de là, tous... Passe-lui un appel dans quinze minutes, pour lui expliquer ce qui se passe et tout ce que tu sais.

Lorsque Pauline s'était mariée avec Sébastien, elle avait pris le patronyme de Flemming. Elle ne prononçait plus son nom de jeune fille que pour évoquer son père, c'était Ferroni.

Michel Ferroni était un détective en retraite. Sa cessation d'activité professionnelle, il l'avait imaginée comme "un petit paradis attendu toute une vie". Toujours à courir et à jouer à se faire des frayeurs, au gré de filatures et puis, plus rien, arrêt sur image sans possibilité de faire repartir le film. Mais se prélasser sur un pliant dans l'espoir qu'une carpe suicidaire gobe sa mouche, commençait déjà à le plonger dans une déprime insidieuse. Les piqûres de moustiques de son étang en pleine campagne morbihannaise l'agaçaient. Pauline avait un père qui s'ennuyait et un mari retenu dans un commissariat. Elle passa un coup de fil à son papa pour lui proposer une affaire bien étrange. Ferroni, le spécialiste des constats d'adultère, ne comprit qu'une seule chose aux paroles entrecoupées de pleurs de sa fille : son beau-frère était présumé coupable d'un meurtre.

Ferroni rangea précipitamment son matériel de pêche, ressortit sa veste de tweed et sa casquette de velours, puis attendit l'appel de Jim. Le dimanche 7 juin à quatorze heures, les quelques éléments fournis par Jim lui offrirent les premières pistes pour se lancer dans l'enquête. À son inquiétude se mêlait un sentiment de frénésie jouissive. Il reprenait du service.

À quelques dizaines de kilomètres de la longère de Ferroni, Sébastien sentait la sueur perler le long de son dos. Assis sur une chaise inconfortable, sa chemise ruisselante se scotchait au dossier en skaï. Les murs du bureau de la police judiciaire vannetaise se refermaient sur lui, l'écrasant dans un étau. Un commissaire l'interrogeait depuis trente minutes sur les activités secrètes de Jim.

L'homme fit pivoter son siège pour se retrouver face à lui.

— Si je vous ai bien compris, la vie de votre frère n'a assurément aucune zone d'ombre.

— Exactement... Un type bien.

— Je vais vous poser une nouvelle question et vous allez bien vous concentrer avant de me répondre. Connaissiez-vous madame Hélène Cornwell ?

— Non.

— Je répète différemment. Est-ce que votre frère, Jim Flemming, vous avait déjà parlé de madame Cornwell ? De ses relations intimes avec elle ?

— Non, ni de Cornwell ni de relations intimes.

— Alors que veut dire le message que vous aviez laissé sur son répondeur ?

— Une blague.

— De bien mauvais goût... Vous lui avez annoncé, je cite : « *J'ai réfléchi, tu as raison, plaque tout et pars avec elle. Qu'elle soit bien plus âgée que toi n'a pas d'importance.* »

— Oui, j'ai laissé ce message parce que Jim m'avait suggéré qu'il avait fait une rencontre. Enfin...

Sébastien ne prononça plus un mot, il en avait trop dit.

— Arrêtez de jouer avec mes nerfs ! rétorqua le commissaire.

Après une longue conversation décousue, ponctuée de présomptions de meurtre et de complicité, Sébastien se prit la tête entre les mains.

Le commissaire posa ses coudes sur le bureau et se pencha ostensiblement vers son interlocuteur.

— J'ai devant moi un écrit du laboratoire d'analyses qui prouve que votre frère était aux côtés de madame Cornwell le soir même de son assassinat.

Le commissaire relut la note, prenant soin de peser chaque terme : « *Suite aux prélèvements effectués dans l'appartement d'Hélène Cornwell, il est confirmé que l'ADN de monsieur Jim Flemming correspond à celui du cheveu retrouvé sur l'oreiller ainsi que les empreintes présentes sur les lieux.* »

VI

MIJOTE

Jasmine marmonna : « Septième heure de détention pour mademoiselle Milan, dans son petit coin. » Nerveuse, elle tritura le bracelet en or de sa montre, cadeau de son parrain pour sa communion solennelle.

Non, elle n'avait pas crié. Si elle l'avait fait, il aurait probablement tiré une balle au travers du bois.

Non, elle n'avait pas regardé par le trou de la serrure. Si un projectile passait par là, elle ne voulait pas le retrouver coincé dans son œil.

Oui, elle avait agi et s'était confectionnée un gilet pare-balles avec une pile de revues chrétiennes sous son pull et tout le rouleau de papier toilettes sur son cœur, plus vulnérable. Cela suffirait-il ?

Oui, elle allait sortir.

À bout, elle déverrouilla la porte et la poussa, il y avait une résistance. Elle tapota sur la poignée ronde, discrète puis beaucoup moins.

Jim était aux abois. Il sursauta, persuadé que l'on frappait à l'entrée. À l'écoute des coups, il comprit vite que cela provenait de l'intérieur. Il s'en voulait de ce qu'il faisait subir à cette fille mais, tant qu'elle ne disait rien, il avait préféré la savoir enfermée. Comme elle se manifestait, il devait s'en soucier.

— Maintenant, vous voulez sortir ? questionna Jim.

— Oui, je veux bien.

Jim retira la chaise coincée sous la poignée. Jasmine Milan et Jim Flemming se retrouvèrent face à face ; elle, engoncée avec sa protection anti-agression et lui, désarmé. Jim avait laissé son arme sur le guéridon du salon et tenta de prendre un air rassurant, coupable mais pleinement disposé à se racheter. Jasmine saisit comme une lueur d'espoir le fait qu'il avait abandonné son revolver. Certes, il n'avait pas la tête des méchants de ses séries américaines, il était beau tout simplement et cela la surprit. Elle ne l'avait pas vu jusqu'alors et cette découverte la troubla. Enfin libre et toujours vivante, elle se dit qu'il était préférable de prendre les choses en main et suggéra comme si de rien n'était :

— Je pourrais nous cuisiner un petit quelque chose au cas où…

— Au cas où quoi ?

— Où vous auriez décidé de squatter ici…

— Je ne veux pas m'imposer et je ne vous veux aucun mal.

Jasmine fit une grimace, bien torturée, qui ramena ses lèvres au plus près de ses narines. Il l'avait contrainte avec un colt à la crosse luisante, kidnappée et séquestrée dans ses cabinets. Maintenant, cet homme annonçait ne pas vouloir s'imposer chez elle, c'était énorme !

Mains sur les hanches, Jasmine se dirigea d'un pas décidé vers la cuisine. Jim la suivit, s'adossa contre le mur, silencieux. Étrangement, elle retira de dessous son pull un, deux, jusqu'à douze magazines qu'elle entassa sur le carrelage. Puis elle noua religieusement son tablier à fleurs et se mit à éplucher des pommes de terre terreuses, de longues carottes et un navet surdimensionné. Ensuite, elle essuya longuement ses doigts pour se jeter finalement sur le réfrigérateur. Elle y enfourna la moitié de son corps pour en ressortir joyeusement avec une magnifique pièce de bœuf serrée entre ses paumes. Avec efficacité, elle fit revenir sa viande dans une marmite puis rajouta de l'eau. Médusé, Jim la regardait plonger consciencieusement les légumes un à un dans le plat. Il songeait à Ferroni, il devait être à Londres en ce moment, alors que lui suivait un rituel digne d'un cordon-bleu. Il sentait le bouillon de ce consommé lui chatouiller les narines. Sa vie était entre les mains de Ferroni, son frère croupissait au commissariat, Hélène Cornwell était morte, Peter aussi. Il fixait une inconnue qui recouvrait d'un couvercle en émail orange son œuvre. Tout cela n'avait aucun sens.

Jasmine retira son tablier, cela faisait plus de quinze minutes qu'elle s'activait sans un mot et que Jim l'observait sans broncher. Elle sortit de la cuisine, Jim sur ses traces. Elle se dirigea vers sa chambre,

Jim s'approcha et resta debout dans l'encoignure de la porte. Méticuleusement, la jeune femme posa les dix dernières pièces sur le nez de Tom Cruise et un point final à sa création éphémère. Brusquement, elle balaya le puzzle du revers de la main. Les petits cartons se mélangèrent et finirent dans une boîte. Elle avait besoin de faire place nette. Avec une force insoupçonnée, elle recentra le lit dans la pièce. Elle venait de tourner la page de Cruise pour ouvrir celle de Flemming.

— Pourquoi ? dit enfin Jim, stupéfait.

— J'aime créer mais je dois détruire pour avancer. Vous savez, ce puzzle est unique, il vient directement des États-Unis…

Jim l'interrompit :

— Asseyez-vous, nous devons discuter.

Jasmine se plaça sur le rebord du lit. Elle était faussement calme, le pot-au-feu mijotait, le puzzle reposait dans sa boîte, sa vie venait de basculer.

— Je ne vous ferai aucun mal. On veut me tuer et j'ai uniquement besoin de me cacher dans un endroit sûr.

— Combien de temps ?

— Disons deux ou trois jours, pour que tout s'éclaircisse.

Jasmine le fixait avec ses yeux triple foyer de grenouille. Elle ne savait pas si elle était capable de cohabiter quelques heures de plus avec cet homme désarmé qui avait laissé son colt bien en vue sur le guéridon. La peur au ventre, elle tentait de rester lucide.

— Qui veut vous trucider ?

Jim n'avait aucune réponse. Impossible de lui dire qu'il était accusé à tort d'avoir tué une femme. Rien que d'imaginer Hélène Cornwell morte lui donnait la nausée. Il ne voulait pas effrayer la jeune femme mais avait un besoin urgent de se poser et ne pouvait pas la forcer à retourner dans les toilettes.

— Quel est votre nom ?

— Jasmine Milan.

— Jasmine, je dois impérativement me reposer… aussi, je vais devoir vous ligoter, juste pour être sûr que vous n'essayerez rien.

— Qui êtes-vous ?

— Jim Flemming.

Jim était surpris de la tournure des choses. Aucun éclat de voix ; à aucun instant, elle n'avait protesté, elle était si sereine. Elle susurra tout juste :

— Mais mon pot-au-feu ?

Jim soupira, elle comprit alors qu'il n'avait fait aucun cas de son travail d'artiste.

VII

CHOCOLAT

Lundi 8 juin.

Sur un monceau de factures, le téléphone du bureau de Jasmine sonnait dans le vide. À la pause "machine à café" de dix heures trente, seule, Barbara s'inquiéta du retard de son amie, habituellement excessivement ponctuelle. Inquiète, elle passa un coup de fil à son domicile. En fin de matinée, monsieur Perette, l'agent comptable, s'aperçut, lui aussi, de l'absence de mademoiselle Milan. Les annonces se succédèrent sur le répondeur personnel de Jasmine.

Royale, elle écoutait les messages défiler, tout en buvant un chocolat, installée sur son canapé, le bol entre les mains. Lapement discret ; de la mousse se colla sur le bord de ses lèvres. Jim, les yeux rivés sur la moustache de la jeune femme, lui fit un petit signe du doigt, mais elle ne comprit pas. Elle dégustait.

Jasmine cultivait un style bien à elle, avec ses yeux bleus énormes et sa moustache mousseuse. Emmitouflée dans une robe de chambre de velours vermillon, son chignon penchait tel la tour de Pise, dès qu'elle bougeait. En cette fin de printemps, elle se présentait plus qu'à son désavantage, désavantage déjà naturel tout au long de l'année. Elle sortait d'une rhinite qui lui avait valu un chapelet de petits boutons de fièvre entre les narines. La période critique du groin de porcelet terminée, elle entamait sa phase “lépreuse”. Le dessous de son nez se trouvait miné par des croûtes qu'elle s'évertuait à caresser sans gratter. Le chocolat venait même lécher une de ces croûtes. Jasmine se retrouvait dans la peau d'un laideron se desquamant, elle esquissa un sourire pour faire ressortir la beauté intérieure qu'elle savait en elle. Jim grimaça, osant à peine soutenir le regard de son otage. Il était obnubilé par le velours épais et rouge sang de la robe de chambre de Jasmine. Ses yeux passaient du tissu élimé de la robe à celui des coussins posés sur le canapé. Ils étaient strictement identiques.

Douceur chocolatée au creux de son palais, Jasmine songeait que sa séquestration dans son sweet home, avait un peu de bon. Son kidnapping était vraiment une excuse incroyable pour expliquer son absence au bureau. Un lundi à traîner chez elle, pas habillée et pas peignée, avec un homme à ses côtés, à vivre l'extraordinaire. Ce Flemming arborait le sourire de Tom Cruise, elle le trouvait fort séduisant. Ce sentiment étrange de frayeur mêlée d'une attirance malsaine pour cet inconnu la dérangeait. Jasmine pensa au syndrome de Stockholm, cette histoire d'otages qui s'étaient mis du côté de leur kidnappeur. Ce Flemming n'avait fait preuve d'aucune violence jusqu'alors mais, de son côté, elle n'avait pas poussé un cri, pas tenté quoi que ce soit. La nuit avait été calme et blanche pour tous deux, une arme posée entre leurs deux corps allongés sur le lit. Elle n'avait trouvé le sommeil qu'au petit jour. Ligotée sur son lit, les yeux clos, elle s'était raccrochée aux paroles rassurantes de son ravisseur. Il lui avait dit qu'il ne lui voulait aucun mal, qu'il n'allait pas la tuer ni la mettre en danger extrême. Il n'avait rien d'un fou, d'un killer ou d'un violeur, juste la mort aux trousses. Maintenant, il se tenait là, face à elle, calé dans le siège Empire de sa tante. Son port bien droit lui donnait l'élégance d'un dandy à carrure de rugbyman. Ce charmeur ne pouvait pas être un monstre, c'était indubitablement un homme traqué. Jasmine le recueillait comme un moineau blessé. Elle aurait voulu lui sourire avec tendresse, mais il fuyait le contact visuel.

Buz vint se coller à ses mollets en miaulant, il réclamait à manger.

— Je pourrais donner une boîte à mon chat ?

Jim fit la moue. Il avait une envie irrépressible d'éternuer rien qu'à la vue du félin. Il acquiesça néanmoins de la tête.

— Nous nous en occuperons dès que vous aurez terminé votre chocolat.

Jasmine continua à déguster son breuvage. Elle noyait ses pensées dans son bol.

Persuadée que la philosophie pouvait tout expliquer, elle se gargarisait de phrases grandiloquentes comme « Vivre l'instant en omettant le passé. La peur primaire c'est le trépas, la dominer, c'est la vaincre. L'égalité n'existe pas sur terre, la justice se rétablit dans l'au-delà. Que l'on soit le plus beau, le plus intelligent du monde, on est seul face à sa fin prochaine. Jésus nous accueillera tous. » Ces réflexions catholiques et profondes remplissaient son esprit d'un bouillon de stupidité fortement réconfortant.

Ce midi-là, elle philosophait gravement, le nez dans sa mixture mousseuse. Elle se demanda ce qu'un homme comme ce Flemming était en mesure de faire de son insolente beauté, de son intelligence refoulée et de tous ses talents cachés. Manifestement, il en faisait le pire et pas le meilleur.

Jasmine n'était pas belle mais voulait agir au mieux, sans savoir comment y arriver. Elle souhaitait être bonne mais se sentait capable du mauvais. Alors, cet homme qui s'introduisait en force dans sa vie, elle n'avait pas envie de le voir disparaître. Et puis, à bien à y réfléchir lequel des deux pouvait devenir l'otage de l'autre ? Elle venait de fêter ses vingt-neuf ans et ne vivait pas, elle végétait jusqu'à présent. Ce séduisant mâle pouvait-il être son sauveur ? Ce qu'elle avait envie de faire, personne ne pourrait le critiquer. Nul ne pouvait juger. Elle voulait qu'il reste chez elle, le kidnapper, même si c'était lui qui détenait un pistolet.

Jim fixa les aiguilles de sa montre, elles indiquaient douze heures dix.

— Quelle est votre profession ?

— Je suis assistante au service comptabilité.

— Chez ?

— Échec et Mat.

Préoccupé, Jim marcha de long en large dans le salon. Dans moins d'une heure, il rappellerait Ferroni, son ultime espoir.

VIII

FERRONI

Londres.

À Waterloo Station, Ferroni débarqua du train, dans son costume en lin. En nage, il héla un taxi pour Soho. Quinze minutes plus tard, il entra dans un pub. Un homme, aux allures de gentleman, l'attendait au fond du bar.

— Bonjour Sir Ford.

— Cher Ferroni, je suis à la fois heureux de vous revoir mais aussi quelque peu surpris. Je vous croyais retiré des affaires. En quoi puis-je vous être utile ?

— Pourriez-vous me trouver des informations sur la société Medialine, qui possède un bureau ici même sur Londres ?

L'homme griffonna sur un bloc-notes « *Medialine* », se leva et laissa son chapeau melon sur la table en signe de retour prochain. Il ne revint que vingt minutes plus tard. Ferroni patientait, une bière posée devant lui.

— Voilà ce que je peux vous indiquer. La société qui vous intéresse est française et utilise les services de l'entreprise anglaise Roxy Office. Les locaux de cette dernière sont situés dans le quartier des affaires à Canary Wharf. Elle propose des bureaux virtuels aux compagnies étrangères ainsi qu'une adresse postale sur Londres et un numéro de téléphone. Roxy Office met à disposition de ses clients une secrétaire personnelle qui répond à tout appel les concernant. Il est même possible de transférer ces appels sans que l'interlocuteur ne se rende compte de l'existence d'un intermédiaire. Tous les messages sont transmis par courrier électronique. L'entreprise étrangère peut apposer en toute légalité ses coordonnées londoniennes sur son papier à en-tête et sur ses cartes de visite. En réalité, le bureau de Medialine sur Londres n'existe pas… Un leurre, cher ami. Quant à savoir si cette société a une réelle activité de l'autre côté du Channel, je ne pourrais le dire.

Sir Ford épousseta les bords de son chapeau, puis l'enfonça sur sa tête. Ferroni termina sa bière, pressentant que Medialine était une coquille vide. Frottant ses yeux rougis par la fatigue, il prit congé. Depuis vingt-quatre heures, il galopait comme à la belle époque, n'ayant de cesse de mener son enquête souterraine. Il réactivait ses vieilles relations anglaises et aussi ses entrées à la police scientifique française. Bien qu'entrées de service, elles s'avéraient fort efficaces. Il ignorait où se cachait Jim et préférait ne pas le savoir. C'est Jim qui l'avait contacté jusqu'à présent et le numéro restait masqué.

Alors qu'il venait de franchir la porte du pub, Jim le rappela sur son cellulaire.

— Ferroni, avez-vous appris quelque chose ?

— Jim, les nouvelles sont alarmantes.

— Qu'est-ce que vous avez trouvé ?

— Comment elle a été assassinée. Asphyxie totale, hémorragie, on l'a étranglée.

— L'étrangleur portait-il des gants ?

— Oui. Mais ce qui est stupéfiant c'est que celui qui l'a agi, n'avait que quatre doigts à la main droite.

— C'est trop fort !

— À toi aussi, il manque l'index ?

— Malheureusement, cela ne repousse pas… Tu me crois ? Je suis innocent.

— J'ai pleinement confiance en toi… mais c'est quand même très bien monté comme affaire. Ils n'ont pas lésiné sur les petits détails.

— Le genre de détail qui me mène droit en prison.

— Exactement, mon petit Jim.

— Elle est décédée à quelle heure ?

— Trois heures du matin.

— Je l'ai quittée à deux heures trente.

— Tu peux le prouver ?

— Non.

— Pour le souper vous étiez ensemble ?

— Oui et dans un restaurant. Lieu public avec des tas de témoins…

— Elle appréciait les filets de sole.

— Quelle horreur ! Ils ont trifouillé dans son estomac ?

— J'ai eu vent du rapport d'autopsie !

— Ils ont déniché autre chose contre moi ?

— Les résultats des résidus de peau retrouvés sous les ongles d'Hélène Cornwell, eh bien… il y avait les traces de ton ADN.

— Nous avons eu un rapport sexuel. De toute façon, mon ADN et mes empreintes, il devait y en avoir partout.

— Effectivement et, en prime, du sperme sur les draps.

— Mais, pourquoi j'aurais laissé mes empreintes et mis des gants pour l'étrangler ?

— C'est vrai que cette question doit perturber la police. Cette incohérence est la seule bonne nouvelle.

— Est-ce qu'elle a été retrouvée morte dans son lit ?

— Non, sur un sofa dans le living et tout habillée.

— Alors quelqu'un l'a rhabillée ?

— Peu crédible, crois-moi, un cadavre, c'est dur à fringuer. Elle a dû se vêtir toute seule.

— Elle devait attendre quelqu'un après moi, un autre rendez-vous. Il faut trouver qui…

— Autrement dit, débusquer l'assassin. Je suis un expert en adultère et non en criminologie, cependant je ferai tout mon possible ! Ah, au fait, ta société Medialine n'est pas londonienne mais française. Je poursuis mes recherches, rappelle-moi demain à la première heure.

— Et Sébastien ?

— Ne t'inquiète plus pour lui. La police l'a vite relâché. À demain.

Pas un mot sur la localisation de Jim, Ferroni souhaitait rester dans l'ignorance.

IX

JASMINE

Oreille tendue, Jasmine venait de capter quelques bribes de la conversation. Ce qu'elle avait saisi lui donnait des informations précieuses et peu rassurantes. Il y avait eu crime. Fort certainement, ce Jim Flemming était un assassin en fuite. Toutefois, il venait de clamer à son interlocuteur sa non-culpabilité. Son chignon se mit à trembloter. Son corps fut pris de secousses, le hoquet la gagna. Vite, elle pria saint Barnabé pour retrouver la sérénité. Jim qui s'était éloigné près de la fenêtre, vint se rasseoir face à Jasmine. Il avait un impérieux besoin de se confesser à quelqu'un. Jasmine le comprit. Pressant une de ses médailles saintes, elle déclara d'une voix apaisante :

— Je vous écoute.

Sa tour de Pise bien droite sur sa tête, elle resserra la ceinture de sa robe de chambre avec dignité. Prenant la pose du prêtre au confessionnal, ses mains se joignirent et son menton se baissa.

— La police me croit coupable d'un meurtre que je n'ai pas commis.

— Si vous êtes innocent, vous devriez vous rendre… sortir de chez moi. Je ne dirai rien à personne. Nous ne nous sommes jamais connus.

— Je ne peux pas, toutes les preuves m'accablent. Le temps est mon seul allié et un ami cherche la vérité en ce moment.

— Combien de temps encore ?

— Vingt-quatre heures.

— Vous n'allez pas me maltraiter ?

— Non, si vous ne tentez rien.

Surprenant lever d'index, Jasmine fit mine d'absoudre le pécheur. Jim resta béat. Cette femme incarnait la sainteté et lui le satanique. Qui l'aurait cru, il y a encore quelques jours ? Jim Flemming qui se qualifiait de doux comme un agneau, dorénavant possédait une arme et s'en servait. Son comportement avec cette jeune femme dépassait son entendement. Il aurait voulu être rassurant, évoquer une spirale infernale. Il n'en fit rien. Désemparé, il écouta Jasmine poursuivre :

— Dans ce cas, nous pourrions nourrir les occupants de mon appartement. D'abord mon chat et ensuite je réchaufferai mon pot-au-feu.

— Faites comme vous l'entendez. Je vais téléphoner à votre entreprise pour expliquer que vous êtes souffrante. Échec et Mat, c'est bien cela ?

Jasmine grimaça.

Les heures qui suivirent prirent la forme de siècles pour Jim. S'il sortait à l'extérieur et entreprenait quoi que ce soit, il était un homme mort. Il se résigna à se morfondre dans l'attente.

À dix-neuf heures, Jasmine étendue sur son lit, savourait sa profonde réflexion amoureuse. La présence de ce Flemming dans ses murs ne l'effrayait plus, cela lui ouvrait les yeux sur sa condition de femme mal dans sa peau.

Imaginer qu'un homme puisse avoir un quelconque sentiment pour elle la grisait.

À Vannes, c'était pire que tout cet anonymat d'une ville bien trop grande pour Jasmine la campagnarde. Elle n'y existait pas pour les autres. Son dernier rendez-vous avec un homme n'en était pas vraiment un, Homme oui, mais rendez-vous nullement. Une amie de sa mère lui avait parlé de son fils célibataire, garçon de bonne famille, bonne sous-entendait propriétaire terrienne. Sa maman, grandement attentionnée, avait concocté un déjeuner familial et dominical pour que les deux esseulés se rencontrent et puissent envisager un rapprochement des bois et des terres. Dès que le pressenti avait vu les gros yeux de grenouille de Jasmine, goujat, il avait enfilé goulûment le civet, ne s'adressant qu'à la gente masculine attablée, affirmant par son dédain, son aversion pour sa promise. Si cet épisode de sa vie amoureuse s'avérait peu glorieux, voire humiliant. Son passé en la matière avait été médiocre : deux furtives relations avec des garçons boutonneux de sa bourgade. Jasmine, la gentille copine, n'était en aucun cas la fille à qui l'on déclare

« Je t'aime ». Elle faisait tapisserie au bal du 14 juillet. Lors des soirées estudiantines à l'Université de Bretagne Sud, les belles la surnommaient « la reine du garde-moi mon sac ». Personne ne lui avait dit « Je t'aime » parce que personne ne l'avait jamais aimé.

Pourtant, Jasmine se sentait prête à offrir un amour avec un grand A. Elle rêvait du prince charmant sur un cheval blanc et aussi que Tom Cruise lui envoie un SMS. Si ce n'était qu'illusion digne d'un conte de fées, ce Flemming, lui, s'avérait bien réel. Jim Flemming affichait un nom de star d'Hollywood et le look d'un acteur américain. Tous ces stéréotypes enflammaient l'ego de Jasmine.

Elle avait détaillé Jim de haut en bas, contours et pourtours de la séduction : un mètre quatre-vingts, brun aux iris d'un surprenant bleu vert. Il parlait avec les mains ouvertes pour se faire mieux comprendre et pour accueillir la planète entière entre ses longs doigts. Ses petites rides au coin des yeux se marquaient plus profondément lorsqu'il souriait. Il plissait le front et ses sourcils formaient de merveilleuses demi-lunes lorsqu'il posait une question. Par instants, ses yeux se coloraient d'un marine si intense qu'elle y avait vu les vagues de l'océan. Ce charmeur pétillait comme des bulles de champagne.

Alors, elle tomba amoureuse, plongea dans cet Amour. Il lui avait suffi de quelques heures pour mettre de côté sa terreur.

S'il était un Clyde, recherché par toutes les polices

de France, elle serait sa Bonnie ! Jasmine était amoureuse et heureuse. Jim, le fiancé tombé du ciel, ne se doutait pas de l'effet qu'il venait de produire sur son otage. Elle n'existait pas pour lui, il était chez elle pour des raisons de survie. Jim s'évadait vers un ailleurs, se débattant dans une tourmente cyclonique.

À vingt heures, Jasmine enfouit sa tête dans l'oreiller, Jim venait de s'allonger à côté d'elle, là, si près que son lit n'était fait que de désir. Ce souhait de volupté était à sens unique, Jasmine ne voulait pas se l'avouer. Jim essayait de trouver le sommeil ; elle, les mains liées dans le dos, humait le parfum du foulard qui obstruait sa bouche. Envoûtée, nullement apeurée, elle ne voulait pas s'endormir mais se délecter. Elle songeait à cette félicité qui se glissait sous son drap de satin ; cette odeur masculine, un pur délice !

Jim s'en voulait d'agir ainsi avec elle, il rabattit le plaid sur l'épaule de la jeune femme si docile, inconnue hier encore.

Elle jubila de cette attention si touchante, le rabat laineux sur sa chair la transporta, confirmant l'intérêt de son compagnon d'infortune pour sa personne.

Jim enfonça la preuve d'une relation intime naissante par un frôlement de sa cuisse sur celle de son otage. Fatale erreur, il n'avait pas compris la mesure de son geste involontaire. Rien, il ne percevait pas qu'il côtoyait une “je”, le genre de “je” auquel personne ne demande quoi que ce soit, un pronom personnel anonyme disposé à se rebeller. Ce “je” voulait exister et crier à tous : « JE suis une femme seule et outrageusement désespérée ! »

Hurlement rentré de Jasmine, elle songeait « Je ne cours pas après le bonheur, j'espère qu'il me rattrape, tout en faisant en sorte, de façon inconsciente, de lui mettre des obstacles sur sa route. En faisant abstraction des embûches naturelles comme mon physique disgracieux, j'en pose de biens lourdes, poussée par un masochisme inconscient au moment où je les laisse sur le sentier de ma vie. Je me soustrais à la société tout en m'y fondant, je m'emmure dans une solitude qui me plaît. Je me complais dans mon malheur et je doute que Jésus me vienne un jour en aide... Au confessionnal, le père Raphaël suinte d'une méchanceté enrobée de cire. S'il avance que de plus laides ont fondé un foyer, que des ingrates ont trouvé un mari et que chaussure à mon pied de pénitente il espère me voir trouver à la chorale, je ne le crois plus car je suis une mauvaise, capable de devenir tyrannique si la situation s'y prête. Alors pourquoi les autres viendraient à moi pour me tendre la main ? Tous ces pèlerins passent leur chemin. Je ne les blâme pas, je les hais de me voir transparente. Je suis le Malin et le sais. Jim Flemming vient de franchir le seuil de mon existence, il est là blotti à mes côtés et je vais lui dévoiler mon “je”. Celui que je gardais enfoui en moi, celui qui me dépasse et me fais frémir. Je vais l'aimer à en mourir. Lui, va être mien. »

À une heure du matin, Jasmine sut ce que son “je” allait entreprendre. « Je ne serai plus la victime d’un rapt, je vais inverser les rôles. Dieu me comprendra ».

Machiavélique, son plan passait par des étapes précises. La première consistait en un repérage des lieux et leur adaptation à une future utilisation. Sa chambre se prêtait parfaitement à l’action, avec une unique fenêtre qui surplombait une minuscule cour, désertée à tout jamais par les occupants de l’immeuble. Le radiateur en fonte, extrêmement solide, était vissé au sol. Son appartement se situait au quatrième et dernier étage d’une résidence bourgeoise où le maître mot était la confidentialité. Sa voisine de palier, Barbara, se trouvait être l’unique petit souci. Elle allait probablement à nouveau s’alerter du fait qu’elle fût souffrante. Demain, Barbara la tout-en-un, amie, voisine, collègue de travail, frapperait à sa porte pour venir prendre des nouvelles. Demain, Jasmine devrait traiter le cas Barbara, ce serait son ultime étape.

La seconde étape de son projet lui posa quelques soucis. Elle devait se remémorer le matériel dont elle disposait et tout ce qui lui manquait. Elle possédait bien une grosse corde et un rouleau de sparadrap dans un placard mais pas de chaînes. Par contre, elle détenait un arsenal de tranquillisants dans une boîte à pharmacie. Les drogues bien dosées pouvaient tout aussi bien terrasser un éléphant que calmer une rage de dents. En rêve, Jasmine mesura sa chambre à grandes enjambées, secoua le radiateur, débusqua les menottes dans la malle de sa grand-tante au fond du cagibi. Fonctionnaient-elles encore ? Son oncle, militaire de carrière, avait dû les graisser avant de les envelopper dans le coton blanc. Ah, le méticuleux, sûr qu'il avait même laissé les clés… certain, un capitaine… Paix à son âme !

Échafauder, minuter, orchestrer, se préparer, ne rien laisser au hasard pour séquestrer son aimé, le garder rien que pour elle.

À trois heures, elle sut que tout était possible, elle s'imagina aller au bureau et rentrer le soir avec son homme à la maison.

X

SÉQUESTRATION

Mardi 9 juin.

À sept heures du matin, la machine infernale se mit en route, implacable. Jim défit les liens de Jasmine, s'excusa platement de son attitude et la laissa libre d'agir. Avec naturel, elle reprit possession de son nid douillet. Son plan s'insinua dans son quotidien, elle agit calmement, pensant ses actes en fonction de son projet diabolique. Calmants, sparadrap, menottes. Le clou fut de trouver dans une cantine, la muselière du terrible Rex, le bouledogue de sa grand-tante. Le molosse l'avait terrorisée toute son enfance et ce petit cadeau post mortem la figea dans l'horreur. Pourtant, elle mit sa trouvaille dans un sac, prête à museler son amour de Jim Flemming. Il le fallait bien, il hurlerait sinon.

De son côté, Jim ne se sentait pas l'âme d'un kidnappeur. Son otage se dévoilait comme une femme si compréhensive qu'il en oublia qu'il devait la surveiller. Son esprit vagabondait ailleurs. Jasmine ne possédait ni ordinateur ni connexion Internet et n'était abonné à aucun quotidien. Pour suivre l'actualité, elle allumait son petit transistor à piles, saintement posé sur le rebord de la tablette de la salle de bain à côté d'un cierge. Parfois, elle regardait le journal télévisé de vingt heures, attablée dans sa cuisine. Pour Jim, cette carence en nouvelles technologies posait un réel problème. Le téléphone était son seul lien tangible avec l'extérieur et Ferroni restait son seul contact envisageable. Dans trente minutes, il l'appellerait.

À sept heures vingt-six, Jasmine prépara un chocolat chaud et servit Jim avec un sourire cajoleur. C'était le genre de délice chocolaté qui ne se refusait pas, cacao chauffé avec le lait dans une casserole, mousse onctueuse et arôme renversant. Jasmine poussa le vice jusqu'à agrémenter son petit encas, d'un Chamonix à l'orange présenté sur une assiette au liseré or. Jim succomba et s'étourdit dans cette délectation. Jasmine venait de le droguer avec mille douceurs et un incommensurable amour. Il s'assoupit en un claquement de doigts, tête renversée sur le dossier du fauteuil. Ainsi à son chevet, elle pria :

« Il viendra un matin où rôde le malheur.

Sur nos peurs, l'amour l'emportera.

Criez à tous les hommes que rien n'est compromis de leur espérance.

Il viendra, un silence d'abord, et l'hymne éclatera.

Un chant de louange sera dans l'aube nouvelle. »

Pressée, elle fit un rapide signe de croix puis regarda sa montre qui marquait bientôt huit heures, elle allait être en retard au bureau. Son absence d'hier avait dû affoler son supérieur et ce nouveau débordement le mettrait dans une rage folle. Le message laissé par Jim à sa société la perturba. Que pouvait bien avoir inventé son aimé ?

Réajustant sa robe de chambre, elle se prépara à l'action. Elle fit glisser le corps de Jim sur le parquet et le tira jusqu'à sa chambre. Ce labeur physique lui demanda un effort intense, néanmoins fort jouissif. Elle le menotta au radiateur, lia ses chevilles, lui appliqua un adhésif sur les lèvres et la muselière de Rex sur le visage.

À huit heures trente, elle s'habilla, sortit précipitamment de chez elle, puis glissa un mot sous la porte de Barbara.

Son amie avait opté pour des horaires de travail décalés. Elle n'arrivait pas au bureau avant neuf heures quarante-cinq. Jasmine dévala l'escalier de son immeuble. Elle était bel et bien en retard.

XI

TRISTES TROPIQUES

9 juin - 12 heures.

Engourdissement, bras et jambes douloureux, tête lourde, comme prise dans un roc, Jim se força à ouvrir les yeux. Il hurla et rien ne sortit de sa gorge. Bâillonné avec une sorte de lanière qui lui lacérait le menton, emprisonnait son nez, il songea aussitôt à enlever cette chose mais ses mains étaient entravées dans son dos. Menottes avec la chaîne prise dans la fonte d'un radiateur, cordes qui liaient ses pieds, il s'agita, se cabra et sua. Fou !

Il ne devait pas se laisser aller, réfléchir et vite ! Il était dans la chambre de Jasmine Milan et ce satané chocolat, certainement, contenait une drogue.

Soudain, il tressaillit, la police allait débarquer.

Depuis combien de temps gisait-il de la sorte ?

Les minutes puis les heures défilèrent et il sut que personne ne viendrait plus.

Laissées en évidence, cinq pages de *Tristes Tropiques* s'étalaient devant lui, posées là sciemment pour lui éviter l'ennui. Pour Claude Lévi-Strauss, comment avait-elle su ?

Dans sa poche, une note avec quelques titres d'ouvrages qu'il affectionnait, un griffonnage, un talisman de papier qui ne le quittait jamais. Elle l'avait dépouillé de ses biens !

Deux autres feuillets s'exposaient, d'un livre anglais *A New Human : The Startling Discovery and Strange Story of the Hobbits of Flores*, Une pure merveille, ce récit de la découverte du Hobbit, l'homme de Flores, véritable cataclysme, révolution dans les théories de l'évolution de l'homme. Un génie cet archéologue de l'Université de Nouvelle-Angleterre. Jim en resta perplexe.

Du Mike Morwood ici, incroyable ! Qui était cette Jasmine Milan pour avoir cela dans sa bibliothèque personnelle au milieu de ses DVD de Tom Cruise ?

À quinze heures, il avait tout tenté, toutes les contorsions pour fuir. Impossible de se lever, à peine de s'asseoir. Sa bouche ne pouvait atteindre les liens aux chevilles et, d'ailleurs, elle était bâillonnée. Ses doigts couraient désespérément sur la fonte.

XII

HÉLÈNE CORNWELL

9 juin - 17 heures.

Qui était Hélène Cornwell ? Ferroni n'avait de cesse de ressasser cette question. Le personnage se dévoilait peu à peu à lui, complexe, aux multiples facettes. Ferroni serrait tout contre lui un épais dossier composé de coupures de presse. D'une claque, il le déposa sur la table du salon et s'assit en expirant bruyamment. Sa fille, Pauline, et son gendre, Sébastien, attendaient les paroles de leur sauveur, installés sur la banquette face à lui.

— Voilà, Hélène Cornwell venait de fêter son soixantième anniversaire.

Ferroni extirpa de l'impressionnante chemise cartonnée, un magazine économique. Il le secoua, Cornwell faisait la une.

Sa fille prit rageusement la revue entre ses mains.

— Elle en paraissait dix de moins…

Ferroni ne sourcilla pas et poursuivit :

— Eh bien… notre Jim ne s'est pas frotté à n'importe qui…

À cette nouvelle, Sébastien grimaça. Ferroni se lança :

— Absolument pas l'héritière d'un empire, Hélène Cornwell l'avait bâti seule et revendiquait son statut de croqueuse de sociétés en faillite. Elle a charogné à ses débuts, piquant son bec acéré dans tout ce qui se présentait. Son parcours inouï en a fait une femme hors du commun. À vingt-deux ans, elle rejoignait la société familiale qui battait de l'aile, dans la chimie, d'après mes sources. Suite à une mauvaise gestion, son père, en pleine dépression, lui en laissa les rênes. En redressement judiciaire, elle se jura alors de tout faire pour remonter la pente et de ne plus jamais plonger. Elle licencia, ne conservant qu'un petit laboratoire pharmaceutique près de Manchester. Trois ans plus tard, cette jeune femme douée pour le business, sut saisir une opportunité qui se présentait à elle. Le rachat d'un de ses concurrents aux abois marqua un tournant décisif dans sa vie. Cela la propulsa sur la scène internationale. L'entreprise qu'elle venait d'acquérir possédait deux unités de production à l'étranger, l'une d'entre elles faisait dans le parfum pour supermarchés. Son premier coup de poker fut de croire que les produits de beauté pouvaient se vendre en supérette. Trente-cinq ans plus tard, elle tenait le haut du pavé à la bourse de Londres, propulsée dans le monde des affaires par son flair. Côté vie privée, ce fut moins planifié, plus décousu : trois mariages, trois divorces, pas d'enfant.

Pauline intervint :

— Elle n'en a pas eu le loisir !

— Vraisemblablement, difficile de concilier vie de famille et carrière professionnelle ; quoi qu'il en soit, Cornwell, c'est une holding avec des branches, des directeurs de succursales et des milliers d'employés aux quatre coins de la planète. Pharmacie, cosmétiques, industries chimiques en tout genre. Dans la holding, une centaine de têtes pensantes s'affairent à Londres. Cette femme était crainte, détestée et seule. À la tête du directoire de la Cornwell Compagny, elle menait une danse effrénée, entraînant dans son sillage un staff à ses ordres.

— Donc, tout un petit monde la haïssait…

— Exact. Mais un seul homme était dans son lit, la nuit de sa mort, ton frère, mon petit Sébastien.

Pauline se leva pour se rendre à la cuisine. Ben prenait son goûter, calé bien sagement sur une chaise. Il trempait une biscotte beurrée dans un bol de lait chaud. Sa mère lui caressa la nuque avec tendresse, les yeux rivés sur les petits ronds huileux qui nappaient son breuvage. « Pas vraiment diététique… », songea-t-elle. Ben marmonna la bouche pleine :

— Jim, il a tué une femme ?

— Non !

— Je vous ai entendus parler avec Papi… Dans le lit, c'était son amoureuse ?

Pauline ne savait quoi répondre. Elle n'avait pas pour habitude de cacher quoi que ce soit à son fils et surtout ne voulait pas lui mentir, mais la vérité, elle ne la détenait pas.

— Bois ton lait, au lieu de dire des bêtises. Ton oncle n'a rien fait de mal.

— Il est tombé sur une chipie et l'a étranglée. J'aurais dû lui trouver une princesse, gratis !

Dans le salon, Ferroni murmura à Sébastien :

— Je crains le pire, Jim n'a plus donné signe de vie depuis près de quarante-huit heures…

XIII

LA ROBE DE MARIÉE

Jeudi 11 juin - 9 heures - Jim.

Le cuir de la muselière lui lacérait affreusement les joues. Tapi, recroquevillé dans un coin de la chambre, Jim sentait l'angle des deux murs fraîchement capitonnés aspirer tout son corps. Labeur d'une quasi-totalité de la nuit, le molleton rose couvrait les parois de sa geôle. Emprisonné dans la ouate, le nouvel environnement conçu par Jasmine ressemblait à une boîte de dragées. À l'opposé, l'escabeau rangé avec l'agrafeuse le narguait. Si seulement, il avait pu les atteindre ! Satanées menottes ! Ses yeux ne pouvaient se détacher du cintre suspendu à une patère dorée. Robe vierge, tulle blanc de l'horreur.

10 heures - Jasmine.

Plof ! Le gobelet tomba hors de la boîte magique.

Plouf ! Le chocolat coula dans un bruit de tuyauterie. Jasmine, perdue dans ses pensées, serrait une chemise orange sous le bras. Elle se demandait comment fonctionnait cette boîte “self-service”... Grande comme un géant d’acier, rectangulaire et colorée, la machine à café fabriquait aussi du chocolat onctueux.

— Tu n’aurais pas quarante centimes ?

Jasmine sursauta, reconnaissant Jessica Piquet à sa petite voix pointue. Elle se dressait dans son dos.

Jasmine bloqua son dossier entre ses jambes, prit son gobelet dans la main et fouilla de l’autre dans la poche de son pantalon de flanelle. La gymnastique fit sourire Jessica.

— Voilà cinquante.

En guise de remerciement, la jeune femme à la taille mannequin plongea son regard inquisiteur vers le liquide chocolaté.

— Ces petits riens de sucre arrondissent les hanches et cela n’est absolument pas du goût de notre direction. Tu devrais le savoir, cela fait combien de mois que tu es maintenant dans l’entreprise ?

— Dix mois, trois jours et deux heures.

— Et tu n’as toujours rien compris ?

D’un geste travaillé, Jessica rejeta du bout des doigts, une mèche blonde vers l’arrière de sa nuque. Son jean moulait parfaitement ses cuisses et sa veste courte accentuait cette féminité entretenue. Elle se déhancha dans l’attente de sa caféine matinale.

Puf ! L’arabica long sans sucre se déversa sans un bruit, silencieux, allégé de tout glougloutement disgracieux. La machine à café sélectionnait son bruitage, le tuyau qui déversait le liquide sans sucre était devenu souple et lisse. Jessica se plia en quatre pour prendre son gobelet. Tout le monde dans la société se mettait pratiquement à genoux pour atteindre la caverne d'Ali Baba de la pause. Tout le monde sauf Jasmine.

Elle souffla sur son chocolat chaud et ferma les yeux. Chez Échec et Mat, la porte du recrutement était un piège invisible. Pour la gente féminine, un moule déterminait des minima de 1,75 mètre de haut, des mensurations à 80, 60, 80. Toutes celles qui accrochaient à l'accès invisible avec un postérieur trop rembourré, déclenchaient une alarme. Premier entretien d'embauche sans suite. Pour les hommes, le 1,85 se voulait de rigueur et sans plus de concessions pour les excès de poids. Sveltes et mâles à la fois, musclés sous leurs costumes impeccablement taillés, tous portaient beau. La beauté selon Échec et Mat était une notion intégrée à la culture de l'entreprise, cultivée par le temps dans un terreau propice, "les entre soi". Jasmine Milan faisait exception avec son un mètre soixante. Fesses rebondies, elle aurait fait fureur à la Renaissance. Bouteille d'Orangina que la sauterelle de Jessica n'hésitait pas à secouer sans en avoir l'air, Jasmine s'encombrait d'un trop-plein de pulpe, de rondeurs qui la tourmentaient. Jasmine souleva ses paupières.

Tenant son café avec délicatesse, Jessica la toisait du regard, les yeux accrochés à la maille du pull de sa voisine de pause. Si elle continuait ainsi à tirer sur la pelote avec son œil perçant, Jasmine allait se retrouver en petite tenue.

— Ta mère a une fois de plus sévi ?

— N'est-ce pas peu commun, ces petites grenouilles ?

— Disons singulier, pas vraiment tendance…

Jasmine arborait toujours des pulls tricotés main que sa mère lui envoyait par la poste. Chaque mois, elle avait droit à son pull, point mousse ou à grosses côtes, laine unicolore ou chinée, selon l'humeur de madame Milan mère. Très créatrice, cette dernière s'essayait à des modèles inconnus au catalogue *Point de Croix*, sa revue fétiche. Sa période "règne animal" tirait à sa fin et s'achevait avec cette série de batraciens verts. Sa mère ayant des problèmes de vue, elle ne tricotait qu'avec des aiguilles numéro quatre voire cinq. Ces chandails, d'un esthétisme à faire pâlir toutes les citadines, ne plaisaient pas toujours à Jasmine, mais elle ne faisait pas la fine bouche. Ces gros pulls laineux enveloppaient sa silhouette qu'elle jugeait disgracieuse. Tout comme sa maman adorée, Jasmine avait, elle aussi, une fort mauvaise vue. La médecine du travail l'avait même classée dans la catégorie des handicapés. Ce handicap lui imposait de porter des lunettes qui lui avaient valu le surnom de "cul de bouteille", surnom qui se chuchotait dans son dos, mais son handicap n'étant pas la surdité, Jasmine le savait. Les verres étaient des loupes et lui donnaient un regard de taupe aux yeux globuleux. Dans son malheur, la chance lui avait souri sous les traits de cette même infirmité. Elle lui avait servi pour décrocher ce poste d'assistante au service contentieux. Ne respectant pas les quotas d'handicapés à insérer, l'entreprise s'était mise en quête de son "bancal". La direction avait pris soudainement conscience que, pour se mettre en règle avec la législation, elle devrait oublier la porte invisible du recrutement. Par l'entrée de service, Jasmine, la souris presque aveugle, s'était faufilée. Comme l'embauche de ce type d'employée s'accompagnait d'une prime de l'État, la comptabilité y avait vu aussi une aubaine. Jasmine n'en était pas dupe mais elle remerciait tout de même cette manne gouvernementale de lui avoir permis de trouver enfin un emploi.

Jessica avala son café et jeta son gobelet dans la poubelle. À la volée, vite fait, bien fait. Quelques paroles assassines lancées avec désinvolture et puis elle s'en alla.

— À plus, lança la fée à la grenouille.

Jasmine fit un petit signe et son épaisse chemise qu'elle gardait précieusement sous le bras lui échappa. Les documents se répandirent sur le sol, lui assénant un coup mortel. Le batracien dissimulait des envies de princesse ! Découpée dans un magazine spécialisé, *Mariage et Bonheur*, une gravure de mode se détachait des factures. Au milieu des pattes de mouches, chiffres et autres lettres dactylographiées, une demoiselle en robe de mariée souriait aux deux femmes.

— Ta sœur se marie enfin ? questionna la fée Piquet.

Le « À plus » se figeait dans l'attente d'une réponse sincère. Silence.

— Non, pas elle.

— Qui alors, pas toi quand même ?

— Justement si, moi.

Jessica pinça les lèvres, hocha de la tête, fronça du sourcil.

Jasmine ramassa ses trésors étalés sur le sol et en se relevant, lâcha à la va-vite :

— À plus !

XIV

EMAILS

10 heures 11.

Chez Échec et Mat, les emails n'étaient pas que professionnels. On s'écrivait en style télégraphique, tout et n'importe quoi, du sérieux au beaucoup moins. Les scoops "vie privée" étant trop rares, constituaient de petits bijoux qui les classaient au sommet du top "emails". Celui qui découvrait la perle se faisait un devoir d'en aviser, par informatique interposée, ceux qui avaient le droit de jouer dans la cour des initiés. Les doigts parfaitement manucurés de Jessica Piquet se posèrent sur son clavier avec nervosité et allégresse.

« C de B va se marier ».

La règle voulait que les noms ne soient pas mis en clair. Le message ainsi codé conférait une confidentialité. Cul de Bouteille aurait pu être Charlotte de Bonafieu.

« Comment tu l'as su ? »

« Info de première main, par l'intéressée elle-même »

« Depuis quand es-tu au courant ? »

« Je viens de l'apprendre, à la machine à café. »

« OK, mais elle te l'a dit comment ? »

« Elle m'a montré sa future robe de mariée »

« Je ne te savais pas si intime avec C de B... La robe est en maille blanche ? »

« Non, plutôt frous-frous partout. Tu vois le genre... »

« Déçue... J'aurais imaginé, une robe tricotée main, triple fil, chinée, en coton argent »

Sandy lança d'un clic l'impression des emails. Croustillants. Elle se remémora la merveilleuse poupée mannequin de son enfance. Sa grand-mère lui avait tricoté une robe de mariée avec des volants. Ce souvenir n'était pas si éloigné et pourtant à des années lumière de sa vie présente. À vingt-six ans, Sandy, aux mensurations de Barbie, ne s'habillait qu'en Prada. Le clonage étant de mise dans l'entreprise, de Sandy à Jessica, on n'aurait pu dire laquelle était le clone de l'autre. Sandy se leva de son siège et se dirigea vers le bureau de la future épousée, situé derrière une cloison en verre.

Trois minutes plus tard, Sandy reprit sa place et gloussa, tout en tapotant sur son ordinateur :

« Pour confirmer et savoir qui est l'heureux élu... je viens de lui proposer de venir déjeuner avec nous. »

« Excellent ! »

« Seul couac... C de B songeait à grignoter avec GB... Donc, nous serons quatre. »

« GB risque de bâillonner notre C de B sur le scoop… Pas le choix, 12 heures 30 au restaurant. À+ »

GB était Genius Barbara.

De l'autre côté de la vitre, Jasmine grinça des dents en lisant le message :

« Les murs ont des oreilles, les souris aussi. Ton voile de mariée couvre les chuchotements. »

Elle tripota les touches, nerveuse :

« Ça court déjà… sur les emails ? »

« Les ongles vernis de nos amies les souris titillent le mulot. La copie de leur conversation vient de se retrouver sur un feuillet, sur l'imprimante du couloir… Ma petite, si tu voulais vivre une idylle secrète, ce n'est pas à Jessica que tu aurais dû t'en ouvrir ! »

Pour Jasmine, le diminutif de ma petite n'avait rien de péjoratif lorsqu'il sortait de la bouche ou du clavier de Barbara. C'était un signe d'affection qu'elle réservait à son amie. Pour les autres, c'était “les nains”. Barbara frôlait les un mètre quatre-vingts et se considérait comme une grande girafe en plomb entourée de nains de jardin en plâtre.

XV

GEÔLE

11 heures 25.

Jim secoua le radiateur, la fonte résistait diablement. Menotté comme un assassin, il payait pour un meurtre qu'il n'avait pas commis. Séquestré par son otage, son monde tournait à l'envers.

Pourquoi l'avait-il choisie, elle ?

Probablement, parce que, ce jour-là, il y avait eu urgence et qu'elle fleurait si bon ce qu'elle n'était pas. La vision de la jeune femme sage qu'il avait repérée devant la caisse, virait au cauchemar. Dans ce supermarché de quartier, elle était pourtant la cible idéale, Jim lui aurait donné le bon Dieu sans confession avec ses deux boîtes de nourriture pour chat dans son panier. Petite, rondelette, cheveux au carré retenus par un serre-tête en velours vert, lunettes en écaille, blouson gris et talons plats, l'inconnue passait inaperçue. La cliente possédait un seul atout, sa jeunesse. Néanmoins, elle semblait ne pas en avoir pris conscience et être bien disposée à la laisser filer. Le look « jeune vieille fille de bonne famille - de la campagne perdue en ville », voilà ce qui avait attiré Jim. Elle jouait négligemment avec ses clés de voiture, plissait son nez pour faire remonter ses lunettes, tirait sur son blouson pour dissimuler ses formes. En l'espace d'une fraction de seconde, il l'avait jaugée et suivie dans la rue pour se jeter sur elle dès qu'elle était entrée dans son véhicule. Voilà, cinq jours auparavant, il avait croisé Jasmine Milan et l'avait prise en otage. À situation exceptionnelle, agissements les plus fous. Comme il était persuadé qu'on voulait le tuer, il ne savait plus vraiment ce qu'il faisait. Pointant maladroitement son arme sur la jeune femme, il l'avait forée à le conduire à son domicile. Lorsque l'on cherche à échapper à la mort, on est capable du pire, comme de s'en prendre à la pauvre demoiselle qui n'a rien demandé…

Les premiers mots qu'elle avait prononcés, lui revenaient en boucle :

— Je veux prendre les boîtes pour mon chat !

Erreur sur le choix de l'otage, ce premier cri de rage aurait dû l'alerter. La voix de la sagesse n'avait pas su lui chuchoter : « Fuis, pendant qu'il est encore temps… avant le mariage. »

À onze heures trente, son estomac cria famine. Gargouillements et puanteur, voilà à quoi il en était réduit ! Il ne pouvait se voir mais imaginait bien qu'il devait faire peur. Il se faisait horreur. Trois jours qu'il se contentait d'une toilette de chat, la bassine d'eau se moquait de lui, posée à ses pieds. Mieux, et bien malodorant, un pot de chambre en faïence ricanait, le narguait. Délirant… Ce manque d'hygiène se voulait la première étape vers sa décrépitude. Les suivantes allaient venir. Sale, son jean était poisseux, sa chemise blanche virait au gris, son pull en cachemire sentait la transpiration. Dès qu'elle rentrerait, il la supplierait de le laisser prendre une douche. Il devait retrouver sa dignité et combattre cette déchéance qui lui pendait au nez. Elle ne le laisserait jamais seul dans la salle de bain, trop risqué pour elle, son jouet pouvait se rebeller. Il était devenu l'animal de compagnie d'une malade mentale. Quelles étaient ses intentions ? Jim était persuadé qu'elle ne le savait pas elle-même. Les circonstances les avaient entraînés tous les deux dans une spirale folle.

Dès qu'elle serait là, encore une fois, il essayerait de la raisonner. Avec sa petite bouille ronde, son sourire innocent, elle lui susurrait :

— Mon chéri, tu dois te reprendre, tu te fais du mal pour rien à t'énerver ainsi. Tu n'es pas bien ici avec moi ? Je t'aime.

Dans son regard, il lirait : « Je ne te comprends pas. »

Sa stratégie devait prendre un tournant décisif. Réfléchir, ne pas secouer désespérément ce malheureux radiateur qui ne lui avait rien fait. Il devrait la charmer de façon bien plus convaincante, pour arriver à ses fins, fuir cette chambre et oublier le calvaire. Lui faire des yeux doux, cela avait marché au tout début, mais elle était restée sur la défensive, consciente que, physiquement, elle ne faisait pas le poids. Elle ne s'approchait de lui qu'avec une extrême précaution, redoutant qu'il n'en fasse qu'une bouchée. Pourtant, elle devait le trouver tout à fait à son goût. Elle le lui avait suggéré par une remarque anodine :

— Tu pourrais travailler chez Échec et Mat…

Son agence de communication, d'après ce qu'elle en disait, sentait le repère de beaux et de belles. Dans cette tanière, Jim ne comprenait pas comment sa geôlière s'était faufilée. La robe de mariée sur un cintre pendait à un crochet planté dans le mur. Il eut envie de vomir.

XVI

BARBARA

Genius Barbara était hors norme, même si pour le sas invisible du recrutement d'Échec et Mat, elle se révélait plus que normale, autant dire physiquement parfaite. Proportions idéales, sourire "Ultra Bright", cheveux bruns épais et mi-longs, yeux turquoise, traits fins. Son originalité résidait dans l'hyperactivité de ses neurones qui se livraient bataille à chaque instant. Bachelière à quinze ans, à trente ans, elle empilait des doctorats en tant de domaines que Jasmine en perdait son latin. Biologiste, créatrice de héros de bandes dessinées, informaticienne, passionnée d'Histoire et de philosophie, Barbara s'essayait à tout. Pour cela, elle cultivait la faculté de se couper du commun des mortels, pour vivre sur la planète Barbara, celle du savoir jouissif. Parfois, elle le partageait en prêtant à Jasmine des livres imbuvables aux titres énigmatiques comme *Les structures élémentaires de la parenté* ou *Anthropologie structurale*. Jasmine, elle, portait aux nues le monde médical et avait du mal à imaginer qu'une docteure en biologie s'adonne au gribouillage et à des lectures aussi absconses. Sa sœur comptait fleurette à un interne en médecine et elle trouvait cela si romantique, si “Collection Arlequin” ! Jasmine ne comprenait pas que Barbara ait changé de voie pour atterrir dans cette société de communication qui se donnait des grands airs, genre parisienne branchée.

Six mois déjà que Barbara avait débarqué pour entrer comme infographiste lambda dans son entreprise. Génius Barbara dissimulait des secrets bien gardés.

Jasmine aurait été de nature curieuse si son éducation catholique ne l'avait enfermée dans une réserve naturelle. Cela, Barbara l'avait aussitôt compris. Jamais, Jasmine n'avait osé poser la moindre question à Barbara sur son passé. Le peu qu'elle en savait, c'étaient les langues pointues des souris qui le lui avaient appris. Les espionnes avaient parcouru le curriculum vitae de GB.

À midi vingt, GB se dressait devant Jasmine.

— …Il s'appelle Jim.

Barbara sourit.

— J'aime bien.

Jamais elle ne questionnait. Jasmine aurait voulu entendre : « Comment l'as-tu rencontré ? Comment est-il ? ». Mais rien. Alors elle fit les questions et les réponses. Enfin, elle pouvait se confier à sa meilleure amie.

— Si tu as quelques minutes… Pendant la pause déjeuner, je vais tout te dire. On descend ?

Toutes deux empruntèrent l'ascenseur. Du 4e au rez-de-chaussée, Jasmine savait que le temps lui était compté. Dans le réduit ouaté, Jasmine se sentit en confiance. Elle hésita avant d'appuyer sur le bouton.

— Nos regards se sont croisés dimanche dernier dans un supermarché et, depuis, nous ne nous sommes plus quittés. Enfin, je travaille un peu… mais tu as pu remarquer que, lundi dernier, j'étais absente… pas réellement souffrante… Avec lui…

C'est merveilleux, la façon dont nous nous accordons. Il est beau, sensible, brun comme tu les aimes, plus âgé que moi, enfin ce n'est pas si grave. Il a quarante ans et presque pas de cheveux gris. Juste ce qu'il faut sur les tempes pour lui donner encore plus de charme. Et puis, ces yeux, mon Dieu, d'un bleu… incroyable, tirant sur le marine. Il affiche une distinction naturelle, élégant mais pas snob. Beaucoup d'éducation et il adore Buz. J'attache énormément d'importance à mon chat. Je serais incapable de tomber amoureuse d'un homme que Buz ne pourrait apprécier. Je plane sur un petit nuage.

Barbara tapota de son index sa lèvre supérieure. Elle réfléchissait, ayant la certitude que pas mal de choses clochaient dans ce flot de paroles. Elle resta silencieuse, attendant la suite du feuilleton « Coup de foudre à la supérette ».

— Imagine, dimanche matin, je n'étais pas à mon avantage, les cheveux un chouïa gras. Pressée, j'avais enfilé mon blouson gris quelque peu usé pour aller acheter des boîtes pour Buz. Jim a flashé sur moi alors que je faisais la queue à la caisse. Il m'a suivie et puis tout naturellement m'a abordée. De fil en aiguille, nous sommes allés chez moi, il s'y est senti bien.

Barbara n'imaginait pas clairement ce que sous-entendait ce « fil en aiguille », néanmoins, elle demeura muette, tout en pressant fermement le bouton de son majeur. Jasmine frétilla.

— Tu me connais, je n'ai pas pour habitude de faire monter des hommes dans mon appartement. Là, ce fut différent, il avait grand besoin d'une main tendue. En fait, il était en fuite… Enfin, il fuyait la vie. Oui, un coup dur, la mort d'un de ses amis, son banquier… C'est cela, son banquier venait de mourir.

Barbara partit dans un éclat de rire, irrépressible.

— Jasmine, tu me donneras la marque de la moquette que tu fumes, cela m'interpelle.

Jasmine tritura le passant de la ceinture de son duffle-coat.

— Pourtant, c'est la stricte vérité. Nous allons même nous marier.

L'ascenseur se posa en douceur et les portes s'ouvrirent sur le hall. Jasmine s'en voulut instantanément d'avoir parlé à Barbara. Jamais elle ne pourrait le lui présenter ni l'inviter à son mariage. Jim ne le voudrait pas. La cérémonie devrait se tenir dans l'intimité de sa chambre. Elle allait la décorer avec des tas de pétales de roses. Que cela allait être beau !

— Je sais, tout cela doit de paraître un peu précipité. Moi aussi, je suis encore sous le choc. Quand il m'a demandé en épousailles, je n'ai pas tout de suite accepté. Je me suis chauffé un chocolat, tournant en rond dans ma cuisine fort exiguë, ne sachant plus ce que je faisais. Le lait a débordé par-dessus la casserole. Et puis, j'ai dit oui. C'est une chance que l'on ne laisse pas passer dans sa vie. Tu me crois folle ?

— Non, mais tu devrais souffler un bon coup, tout reprendre dans l'ordre et te poser les bonnes questions.

— Lesquelles ?

— Les vraies.

— Je t'écoute.

— Qui ? Quoi ? Où ? Pourquoi ?

— Toi qui ne demandes jamais rien à personne, tu me poses des questions sans sujet, ni verbe !

— Qui est-il ? Que te veut-il ? D'où vient-il ? Pourquoi toi ? Si tu as les vraies bonnes réponses à ces interrogations toutes simples, si ces réponses te satisfont, vas-y, épouse-le, sois heureuse, ma petite ! Si ce n'est pas le cas, recule de deux pas, passe ton chemin.

— Tu imagines qu'il en veut à mon argent ? Il ne s'en doute même pas. Mes parents, il ne les connaît pas.

— Petite fille de riches ! Il suffit de voir l'unique bague que tu as au doigt. Je ne suis pas très diamant, mais elle ne fait pas toc.

— Présent de mon père, pour mes dix-huit ans.

Jasmine frotta sa bague sur la manche de son manteau en laine pour la faire briller.

Barbara poursuivit :

— Ton appartement transpire un luxe discret.

— Vide, quelques meubles.

— Belles pièces qui feraient grimper au rideau les antiquaires du quartier.

— OK, j'ai un salaire au ras des pâquerettes et une famille fortunée. Mais, tu peux me croire, ce n'est absolument pas le genre d'homme à être intéressé par le numéraire.

Dans la rue, le bruit des voitures couvrait les voix des deux femmes. Jasmine hurla :

— C'est vrai qu'il est en ce moment dans une passe difficile, tout à fait momentanée !

Elle se colla à Barbara.

— Il a quitté son job de chef du marché protéines chez Ty Pet Food, tu sais, les aliments pour chat. Il voulait changer de vie. Je suis là maintenant, je vais l'épauler. S'il ne veut pas travailler, je suis prête à assumer pour deux. Je crois qu'un homme à la maison, c'est un rêve que les femmes n'osent pas avouer… Il attend que je rentre du travail, que je lui raconte mes anecdotes professionnelles, je lui ai même parlé de toi. Il est malheureusement timide et ne se sent pas prêt à rencontrer mes proches. Il est exclusif dans son amour, je lui dis donc tout. Je ne voudrais pas qu'il croie que je vois un autre prétendant.

Barbara marchait, plongée dans ses réflexions, elle

imaginait le tableau qu'était en train de dépeindre son amie. Jim, homme parfait, beau et totalement désintéressé, espérait chaque soir que sa dulcinée, d'une beauté insoupçonnée pour les autres, rentre du labeur. Là, sur le canapé, il buvait les paroles de sa douce qui lui contait le nombre de clients mécontents qui s'étaient adressés au service contentieux.

Ses pas partaient à droite puis la conduisaient à gauche, cet individu sentait le faux ! Un ex-chef de marché ne pouvait être un timide maladif.

Barbara se planta sur le trottoir et retint Jasmine par le bras.

— Tu t'es inventé un fiancé. Que tu joues la mythomane avec ces chipies de Jessica et Sandy ne me dérange pas. Avec moi, je suis déçue…

— Elles déjeunent avec nous.

— Voilà, c'est le pompon ! Tu m'embarques dans ton histoire pour que je plonge dans le mensonge à mon tour.

— J'ai été piégée. Je ne t'ai pas menti, juste un peu travesti la vérité. Lorsqu'il est venu à moi, je ne pouvais pas le laisser filer.

— Change de trottoir, on va se prendre un sandwich et pique-niquer sur la Rabine. Ne mens plus, ni à moi ni aux autres ! Jasmine, en le faisant, tu te rabaisses. Un jour, tu trouveras l'homme qu'il te faut. Moi aussi, je vis seule et je n'en fais pas un fromage. Je ne m'invente pas un Jim aux yeux bleu marine.

— Facile à dire pour toi. Tu ne subis pas le célibat, tu l'as choisi. Dès que tu auras changé d'avis, il te suffira de claquer dans les doigts pour qu'ils tombent telles des mouches et pas des plus moches.

— Tu te trompes, je suis exactement comme toi. Je veux le prince charmant et, tout comme toi, je me plante. Si cela se trouve, le type qui me rendrait heureuse, c'est lui.

Le vendeur de sandwichs fit un grand sourire à Barbara.

— Et avec cela, Mademoiselle ?

Jasmine se mit sur la pointe de pieds pour tenter d'atteindre l'oreille de Barbara.

— Vas-y ! Assume ! Remets-lui ton numéro de téléphone !

— Tu es en colère, cela te ressemble peu. La seule chose que je puisse te dire, c'est que ce Jim, réel ou virtuel, t'a métamorphosée.

— L'amour rend belle ?

— Les affabulations enlaidissent.

— OK, j'arrête de mentir. Un soda à l'orange et un panini au saumon.

Barbara serra très fort le coude de Jasmine.

— Ma petite, pareillement à moi, tu t'encombres d'une coquille. Moi, je vis dans la peau d'une girafe qui traîne son mal-être dans la jungle de cette ville et toi, tu es la grenouille qui cherche sa mare. Donne au Secours catholique tous les pulls que ta mère te tricote !

— Toi, cesse de tracter ton boulet. Lâche le poids qui te pèse depuis des années !

Barbara se pencha et embrassa la joue de Jasmine. Une envie irrépressible de pleurer lui monta à la gorge. Jamais, elle ne lui avait parlé de la mort de Fred et pourtant, inconsciemment, son amie avait deviné. Ce n'était pas un boulet mais une douleur sans nom qu'elle traînait, chevillée au corps.

XVII

LES DÉCISIONS DE LA NOUVELLE ANNÉE

12 heures 40.

Cette déconcertante décision, il l'avait bel et bien prise. Six mois déjà…

Rien que d'y repenser, Jim s'en serait mordu les doigts. Il mourait d'envie de fumer et mourir était peu dire, il crevait du manque de tabac. Ses menottes accrochées aux pieds du radiateur, il se souvenait du jour maudit, de ce 5 janvier, là où tout avait basculé.

Le début d'année marque le pas des bonnes, voire des excellentes résolutions. Ben, le matin même, lui avait fait prendre conscience du pathétique de sa situation. Sur le chemin de l'école, le petit avait enfoncé le clou bien profond.

— Cela doit être rudement triste de manger tout seul ! Tu ne t'ennuies pas dans ta grande cuisine toute blanche ? Heureusement que tu as tes têtes de clowns pour te faire rigoler !

Le 5 janvier au soir, Jim était esseulé dans son loft vide, lové sur un volumineux pouf design. Sur le mur immaculé, le masque de Buffon Nutamat faisait grise mine. Peinturluré de rouge, son long nez pendait de tristesse, si loin de son Canada d'origine. Jim feuilleta son agenda. Il se mit à réfléchir à la nouvelle année et griffonna sur une page. *J'arrête de fumer, j'entame un régime, je me mets au sport, je vis mes passions et je trouve l'âme sœur.* Il surligna les deux dernières affirmations, raya les trois premières. Puis il nuança ses choix, en s'en voulant d'être petit joueur, mais il le fit tout de même. Je continue à jouer avec les volutes mais je me mets aux lights, je persiste à goûter à tout ce que j'apprécie mais je ne me ressers pas deux fois. Et puis le sport, je m'active sur les footings.

Ah, ce paquet par jour, ces poignées d'amour naissantes… Les plats en sauce, le grand luxe perdu ! Le bœuf carottes de sa belle-sœur et la blanquette du petit restaurant “Le Boucicaut” le faisaient saliver à en perdre la voix !

Il bava sous son adhésif.

Il se revoyait allumer une cigarette pas vraiment light et siroter un bon Chivas. Pauvre gars, il avait même, tout en regardant les spirales de fumée monter, soulevé sa chemise et fait la grimace. Sûr de lui, il se ravisait ; le régime pas vraiment nécessaire, le jogging allait régler cela, et cette position avachie, était certainement la véritable fautive de ses légers débordements de chair. En se redressant, il fit émerger de l'insolente blancheur de la page, son unique volonté, ainsi il écrivit : « *Tout plaquer pour changer de vie.* » Ce message sous-entendait, comme Ben lui avait suggéré avec l'aplomb d'un adulte et l'innocence d'un enfant, rencontrer l'élue de son cœur.

Cruel 5 janvier, Jim se racla la gorge, s'étouffa sous son sparadrap ; au moins, il perdait du poids… Le sevrage de nicotine le torturait.

Sur le port, Jasmine terminait son soda. Elle se leva pour le jeter dans la poubelle située à côté du banc public. Les bateaux dansaient à l'attache, elle retira son duffle-coat. Se rasseyant, elle demanda à Barbara :

— Tu te souviens de ma décision du 1er janvier ?

— Oui, un mariage dans l'année.

— Exactement, convoler en justes noces. Mes parents voudraient tant un petit-fils. Nous sommes en juin et je vais me marier. Ce sera épousailles pour cette année et bébé pour l'an prochain. Être grassouillette, c'est mal vu chez Échec et Mat. Alors pour une fois, je serai grosse et tout le monde me trouvera ravissante. Enceinte, c'est merveilleux…

— Tu grilles toutes les étapes. Si ton Jim existe réellement, alors je veux le voir et lui parler.

— Non, c'est impossible !

Barbara aurait voulu être laide. Cela aurait été bien plus simple. Si elle ne comprenait pas cet amour tombé de la stratosphère, elle imaginait la défiance qui pouvait porter Jasmine à conserver son aimé à l'abri des regards féminins.

— Tiens, vois plutôt ma robe de mariée…

Barbara attrapa la page du magazine.

— Elle est superbe et ne manque pas de volants…

— Cela risque de me grossir tous ces frous-frous ?

— Pour être sincère, oui. Choisis un modèle plus simple.

— Trop tard, je l'ai déjà achetée.

Barbara écarquilla des yeux.

— Je dois le rencontrer avant que tu ne fasses une bêtise que tu pourrais regretter toute ta vie. Les coureurs de dots existent !

Divin, ce soleil lui chauffait le cœur. Jasmine rayonnait, sourde.

— Il a insisté pour que je choisisse un bouquet de lys. C'est simple et parfumé. Je couperai les pistils pour ne pas tacher la soie de ma robe.

XVIII

LES LYS BLANCS

13 heures.

Les yeux de Jim se fichaient dans les volants de la robe de mariée, le bouquet de fleurs lui revint en pleine face. C'était le 16 janvier dernier.

Les rituels sont là pour rassurer, en ponctuant les périodes charnières de l'année. La journée du personnel marquait toujours la mi-janvier, chez Ty Pet, leader sur le marché européen de l'aliment pour animaux de compagnie. L'habituel se nuançait toutefois de pas banal pour donner à la forme une originalité qui ne se trouvait pas dans le fond. Cette année-là fut celle de la péniche. Ainsi, sur le bord de la Loire, la clôture de ce fameux jour du personnel se voulait moins professionnelle avec le rappel de ceux qui étaient partis en retraite récemment et la présentation des nouveaux.

Les cinq jeunes recrutés s'étaient mis sur leur trente

et un, costume foncé et cravate claire. Ces commerciaux en herbe détenaient déjà la fibre du business en l'affichant par celle de leurs vêtements. Pour les retraités, les tenues se voulaient de plus cools. À croire que la retraite offrait une permissivité vestimentaire retenue depuis plus de trente ans. Le bateau encore à quai eut un léger tangage, Jim tint fermement sa coupe de champagne à la main, tout en écoutant les discours en compagnie d'une centaine de ses collègues. L'entrée en scène des retraités marqua le déclic. Des quatre pensionnés annoncés, seuls, deux d'entre eux étaient présents. À l'aise, le premier fringant “papy boomer” prit gaillardement le micro et remercia l'assemblée pour les vingt-cinq ans passées dans l'entreprise. Son sourire teinté de mélancolie faisait penser qu'il était à la fois heureux de quitter ceux qui lui faisaient face et désappointé de devoir les abandonner.

Sur le buffet, derrière l'orateur, trônaient deux cadeaux et deux somptueuses gerbes de lys blancs. Le directeur général congratula habilement le nominé et tendit l'un des bouquets à Madame. L'élégante, inconnue de toute l'assemblée, se tenait à côté du directeur. N'ayant pas travaillé au sein de cette grande famille, elle recevait néanmoins la gigantesque brassée, pour service rendu. Cette femme distinguée, aux cheveux à peine grisonnants, avait accepté de laisser son mari à la firme, dix heures par jour, tard le soir et certains week-ends. Elle s'en voyait remerciée.

Pour le second retraité, le rituel de la floraison de son épouse fut tout aussi beau. Ainsi en s'obligeant à recevoir d'autrui ces présents hautement symboliques, les deux membres de son groupe social rendaient manifeste à leurs yeux l'essence même de la vie collective qui consistait en une interdépendance librement consentie. Jim se demandait où avaient bien pu passer les deux autres qui contrariaient les us et coutumes en brillant par leur absence. La réponse vint de sa gauche, de l'assistante d'un éminent éthologiste, spécialiste du comportement canin. Ce responsable du département “appétence” susurra à sa collaboratrice :

— Colette et Fernande n'ont pas pu se libérer ?

La fine psychologue murmura :

— Pas vraiment, elles n'ont pas voulu. Elles vivent seules, alors pas de mari pour la cérémonie de départ. Les lys, ça tache. Fleurs de mariée pour celles qui ne l'ont jamais été.

Jim ne pouvait détacher son regard des lys blancs. Le visage flou de Colette lui revint en mémoire, celui de Fernande, il l'avait déjà oublié. Ces deux femmes, il regretta à cet instant de ne pas leur avoir même dit un au revoir. Il sentit un malaise monter en lui puis eut comme un flash, vision effrayante : il se vit dans vingt ans, recevant seul le fameux présent sans aucun bouquet.

Jim leva sa coupe. Il brandit son épée, tel un chevalier des temps modernes. Il allait démissionner. La brassée de fleurs, il allait l'offrir dès maintenant à l'élue qu'il allait très vite trouver.

Le bateau leva l'ancre pour une descente de la Loire *by night*. Jim eut le mal de mer, il secoua son radiateur. Il serra les poings, les murs de la chambre s'avançaient vers lui.

XIX

DÉMISSION

13 heures 15.

Jim ferma les yeux.

Retour mental sur ce 19 janvier, jour où il annonça sa démission, consternant ses collègues et toute la direction. Depuis sept ans qu'il travaillait pour le groupe, Jim n'avait jamais exprimé la volonté d'aller voir ailleurs. Alors tous se demandèrent s'il ne partait pas sournoisement à la concurrence. Seule, son assistante, lui posa la bonne question :

— Vous voulez changer de vie ?

— Oui, tout simplement… Un nouveau challenge.

Elle lui sourit comme elle savait si bien le faire, un sourire sincère qui faisait d'elle, en toutes circonstances, la meilleure des collaboratrices.

— Quand avez-vous pris votre décision ?

— Le 5 janvier et puis cela s'est confirmé à la journée du personnel.

— La Grotte de Marsoulas vous attend ? Grand bison et petits humains, comme sur le fond d'écran de votre ordinateur…

— Exactement, madame Gosselin, votre perspicacité reste infaillible. Les peintures pariétales me passionnent bien plus que les protéines goûteuses pour caniche nain…

— Je conçois… Vous me manquerez, monsieur Flemming.

En deux ans d'étroite collaboration, jamais cette femme ne l'avait appelé par son prénom. Il était monsieur Flemming et elle, madame Gosselin, voilà tout.

Jim assura son préavis de trois mois, sans zèle, ne fit pas de pot de départ. Il posa un point final à une période de son existence qui avait trop duré. Pour son dernier matin au bureau, il enfila un polo blanc et un jean. Son pull en cachemire gris négligemment posé sur ses épaules, il se sentait libre comme l'air. Il venait de troquer son costume conventionnel pour la tenue du retraité avant l'heure. En partant, il offrit un somptueux bouquet de lys blancs à madame Gosselin, elle laissa couler une larme, discrète et authentique. Ah ! L'odeur de cet adieu, touchant… Les jours qui suivirent, il porta des tee-shirts délavés, des jeans usés jusqu'à la corde, voire troués aux genoux. Il était heureux et sans le sou. Avec ses maigres économies en poche, il allait partir en quête de sa nouvelle vie. Ben avait raison, elle l'attendait peut-être au coin de sa rue.

Ben, où était-il ? Il lui manquait terriblement. Jouait-il dans la cour de récréation ? Libre.

Les talons de Jasmine frappèrent les pavés.

— Incroyable, il a quitté son entreprise mi-avril, sur un coup de tête. Et puis non, je m'embrouille, en fait, décision mûrement réfléchie. À la fin mai, alors que Jim se demandait s'il n'allait pas devoir sortir son saxophone pour faire la manche sous un porche, la chance lui a souri.

— Votre rencontre ?

— Non, cela fait moins d'une semaine que nous nous connaissons. Tu n'as pas l'air de me suivre ?

— Je suis un peu perdue, effectivement.

— Son banquier lui avait fait une proposition surréaliste.

— Celui qui vient de mourir ?

— Dieu a reçu son âme… et Jim est encore sous le choc. Je le soutiens, heureusement que je suis là… C'est d'autant plus terrible que Jim parle d'assassinat.

Barbara se leva du banc et se planta devant Jasmine. Elle imaginait le saxophoniste, dégainant une arme à feu et trucidant son banquier.

— Il l'a tué ?

Jasmine se pinça les lèvres, elle en avait trop dit.

XX

PETER

13 heures 20.

Jim se souvenait du 29 mai, soirée où Peter avait sonné à l'entrée de son superbe loft loin d'être payé : le véritable propriétaire en était son banquier. Ce futur possesseur lui avait fixé rendez-vous en toute amitié chez lui.

Avoir son banquier parmi ses relations intimes avait toujours plu à Jim. Il aimait s'enorgueillir de l'appeler par son prénom, de l'inviter de temps à autre à prendre un verre chez lui. Sébastien, pour le mettre en rage, lui avait même demandé si son amour de financier n'était pas un peu branché mecs. Cette idée qui, jusqu'alors, n'avait pas effleuré Jim, n'arrêtait pas de lui trotter dans la tête. Peter n'était pas marié, mais cela n'en faisait pas un indice probant, Jim, lui-même, affichait son célibat tout autant que son hétérosexualité. Cette idée d'associer à un célibat ancré une éventualité d'homosexualité l'énervait, mais il doutait néanmoins. Peter portait des costumes sur mesure, gominait impeccablement ses cheveux bruns. Les couleurs de ses cravates toujours teintées de rose avaient perturbé Jim. Puis, cela lui était passé. Homosexuel ou pas, Peter lui offrait toujours des facilités de crédit. Il se voulait “pote” avec lui, tout simplement.

Ce soir-là, l’ami financier s’annonça. Jim alla ouvrir. Tendant la main à Peter, il détailla la cravate rayée aux couleurs acidulées. Les rayures orange et jaune poussin sonnaient l’alarme. Sébastien avait peut-être vu juste, mais Jim n’en avait que faire. Peter, comme à son habitude, posa son imperméable sur le fauteuil de l’entrée et rangea méticuleusement son parapluie derrière la méridienne. Ensuite, il s’extasia sur les arts amérindiens du Brésil, les peintures faciales et la collection de masques du soleil exposée. Jim allait et venait, nerveux, compte tenu que son compte virait depuis quelques semaines au rouge.

Peter embraya par :

— L’art, qu’il soit conçu comme primitif, évolué, familier ou exotique, répond à un instinct universel.

La conversation amicale tourna vite au monétaire. Peter se lança :

— Ces créations artistiques ont une réelle valeur, tu pourrais songer à t’en séparer…

Le professionnel prenait le pas sur l’amitié. Jim se demanda si Peter ne se révélait pas plus banquier qu’ami.

Au fil de la discussion, il en eut la certitude. Au

vu de son train de vie, Peter lui prédisait la banqueroute sous deux mois. Après un beau couplet sur l'inconscience d'avoir quitté son job extraordinaire, vint le propos du retour dans le droit chemin :

— Jim, tu sais très bien que tu peux compter sur moi, mais je ne suis pas seul à décider. Je suis des directives. As-tu des pistes pour un nouveau poste ?

Jim était très mal à l'aise, trouver un nouveau travail ne se profilait pas dans ses perspectives immédiates. Durant la semaine, il avait bien pianoté sur son ordinateur, surfant sur Internet, mais sur aucun site ayant un quelconque lien avec la recherche d'emploi, nul "cadre.net", uniquement des visites virtuelles dans tous les musées de la planète, spécialisés en Préhistoire. Hier soir, il visitait l'Institut de Paléontologie humaine de Paris. Parallèlement, il s'activait sur des sites de rencontres pour dénicher la perle rare, sur les conseils avisés d'un petit homme de sept ans. Il était en quête mais pas de ce que Peter pouvait imaginer.

— Oui, je cherche activement.

— As-tu été approché par des chasseurs de tête ?

— Quand ça ?

— Récemment, quand tu travaillais !

Jim avait bien eu deux contacts avec des boîtes de recrutement, mais cela datait de plus de neuf mois.

— Oui, on m'a approché, effectivement, bredouilla-t-il.

— Bon début. Alors, pour revenir à une situation financière saine, il te faut retrouver le plus vite possible un poste à ta mesure et qui te convienne mieux que l'autre… celui que tu as largué inconsciemment. Rassure-moi, tu n'es pas un looser !

— Non, je suis en pleine recherche active et déjà quelques pistes se mettent en place.

Jim songea aux emails qu'il venait de recevoir d'une charmante Espagnole. Un échange par webcam interposé et l'international lui faisait tourner la tête. À vrai dire, il ne lui avait pas annoncé que sa nouvelle profession était celle de cadre au chômage. Il pensait qu'être complètement disponible pour démarrer une nouvelle vie ailleurs, là où il trouverait une femme, pouvait être un sacré atout.

« Homme, trente-cinq ans, athlétique, cadre supérieur » constituait sa carte de visite petite annonce, un tantinet mensongère.

Il se sentit pitoyable et pensa subitement qu'il allait revoir son texte.

— Jim, tu m'écoutes, il faut te ressaisir et vite !

— Oui, je t'écoute.

— Donc, je peux encore faire un petit effort pour le mois qui vient. Après, je ne pourrai plus rien pour toi.

— Je te remercie, toutefois tu oublies mon portefeuille d'actions.

— Tu n'as pas suivi les cours depuis combien de temps ?

— Disons que, depuis quelques semaines, j'ai d'autres centres d'intérêt.

— Eh bien, ça a plongé, le crack boursier, la terre entière bouillonne et ton portefeuille prend l'allure d'un misérable porte-monnaie. Enfin, d'ici un mois, il faudra vendre quelles que soient les cotations. À moins que…

— …que je retrouve un job.

— Ou autre chose.

— Quoi ?

— J'hésite un peu à t'en parler, mais j'aurais bien une affaire qui pourrait t'intéresser.

— Une affaire ?

Peter entama un monologue. Jim prêta l'oreille pendant dix longues minutes, totalement consterné. Son banquier se découvrit sous un jour que jamais Jim n'aurait pu imaginer. La proposition formulée, Jim demanda à réfléchir. Peter but un whisky, récupéra son parapluie logotypé à l'enseigne de sa banque et prit congé, lui laissant trois jours pour prendre une décision.

C'était le 29 mai, le début du tourbillon.

Jim renifla le chat, calamiteux mois de mai, son nez le démangea.

13 heures 26.

Barbara se baissa et questionna Jasmine :

— Assassiné ?

— C'est ce que Jim croit mais, en réalité, j'ai mené ma petite enquête, c'est faux. Il a eu un banal accident de voiture.

— Banal, tu veux dire mortel.

— Le coup du lapin. Clac, les cervicales brisées. C'est vraiment dur à imaginer.

Barbara attendait la suite, imaginant le banquier avec de longues oreilles blanches de lapin pendant sur l'appui-tête de l'automobile.

— Oui, j'aurais dû avouer la vérité à Jim. Il se torture pour rien et se croit coupable d'un meurtre. Enfin, pas directement, il est persuadé de l'existence d'un complot, que tout est de sa faute, que des gredins ont maquillé un assassinat en accident. Pauvre chéri, il a une imagination débordante.

Totalement éberluée, Barbara se plia en deux pour boire les paroles de Jasmine.

— Un entrefilet dans la presse relatait l'accident de façon laconique. Alors j'ai contacté la gendarmerie pour en savoir plus, en me faisant passer pour une journaliste. La Smart du banquier a heurté une cabine téléphonique de plein fouet, les freins ont lâché. Cet homme s'appelait Peter Voland et était estimé de tous.

— Tu es tombé sur un dingue et tu agis plus qu'étrangement !

— Lorsque tu auras vu Jim, tu comprendras tout. Il adore les enfants.

Barbara traversa la rue à grandes enjambées. Jasmine la suivit en pressant le pas.

— Son neveu, Ben, il s'en occupe souvent. Ce sera un excellent père !

Jasmine trottinait au côté de Barbara qui marchait.

— Sa petite Triumph est son bijou, son joujou. Il cajole d'autres jouets au garage, deux motos et un 4x4. Avoir trois places de parking souterrain en plein Vannes, à deux pas de la place des Lices, une folie qui lui coûte cher, mais rien n'est trop beau pour ses amusements de grand garçon.

— C'est un nase !

— Non, un mec.

Ce mot sonnait mal dans la bouche de Jasmine. Barbara fronça le nez et se planta au milieu du trottoir face à son amie.

— Il m'aime, susurra Jasmine.

13 heures 35.

Jim se mit à hurler : « Je suis un gigolo ! » Sa muselière étouffa son borborygme.

Peter lui avait murmuré : « Se faire de l'argent sans risque. »

Gigolo, Peter n'avait pas prononcé le mot mais l'avait si adroitement suggéré. Le 29 mai au soir, Jim ouvrait un dictionnaire pour chercher la définition exacte. Il voulait voir écrit sans détour le sens du terme « gigolo ». Il lut et relut la ligne anorexique qui annonçait « *jeune amant d'une femme plus âgée* ». Indéniablement, il n'était plus jeune, alors une femme plus âgée devait avoir au minimum soixante ans, voire soixante-dix ou plus. Le sourire de sa voisine lui revint en mémoire. Voilà, ce devait être une femme comme elle qui pouvait le trouver jeune et séduisant.

Madame Evantes qui occupait l'appartement voisin, avait hérité de son défunt mari une somme rondelette qu'elle dépensait allègrement au casino de Quiberon, au grand dam de ses enfants. Adepte du Black jack, cette charmante mamie portait des robes à pois, légèrement au-dessus du genou, suggérant des jambes encore fines. Lorsqu'elle souriait, son rouge à lèvres parme s'incrustait dans des petites ridules au-dessus de ses lèvres. Cette vieille dame indigne cultivait son côté veuve joyeuse et lui avait toujours fait une cour discrète. Le lundi de Pâques, elle avait négligemment laissé choir son mouchoir brodé sur son paillasson. Ce prétexte du carré de coton lui avait permis d'engager la conversation sur sa solitude puis de proposer à Jim de venir prendre un cherry, un soir prochain. Jim avait décliné poliment l'invitation. Il se demanda alors, si les clientes de son banquier n'avaient pas un petit air de famille avec madame Evantes.

Soudain, le rose du molleton de la tapisserie vira au noir, couleur des bas de la veuve Evantes. Jim frémit, repensant à Peter.

Il l'avait complètement décontenancé en lui parlant, de façon très professionnelle, d'affaires et d'opérations. Il annonçait produit, marché porteur, clientèle et marketing. Le circuit de commercialisation se voulait rodé et souterrain. Tout cela, bien qu'en marge de la légalité, s'avérait très lucratif pour celui qui savait bien s'y prendre. Peter lui avait fait comprendre qu'il possédait le bon profil : de bonne éducation, parlant couramment quatre langues, cultivé, aimant l'art et le goût des bonnes choses. Son physique correspondait aussi à un type de clientèle ciblée. Le jeune amant pouvait déplaire aux femmes d'âge mûr. Mieux valait être séduisant mais sans verser dans le tape-à-l'œil. Le trop beau, la couverture de magazine ne faisait pas vrai.

Peter se délectait de remarques comme « Sortir en ville avec un homme totalement décalé déplaît aux femmes. » « Le must c'est qu'en rentrant dans un gastronomique, le maître d'hôtel puisse croire que le couple, bien qu'affichant une différence d'âge, s'est choisi par amour. Aucune vilaine histoire d'argent dans tout cela. La femme est certes plus âgée mais l'homme n'a plus vingt ans. Le bel adulte de quarante ans, aux tempes grisonnantes, est tombé fou amoureux d'une amie de sa mère. Ils forment un beau couple », avait-il poursuivi.

Jim pouvait tout à fait donner le change à n'importe quel maître d'hôtel, et cela était l'atout premier avancé par Peter.

Jim aurait pu lui crier qu'il marchait sur la tête en racontant de telles inepties. Mais il n'en avait rien fait, le laissant discourir de ce business sans l'interrompre. Était-ce par curiosité malsaine ? Pour savoir jusqu'où cela pouvait le mener ?

Convaincu qu'il n'était pas du tout prêt à vendre son âme, cette surprenante proposition l'interpellait néanmoins très fortement. Et puis, comment Peter pouvait-il lui proposer une chose pareille ? Est-ce qu'il voyait en lui le genre d'homme susceptible d'accepter ? Peter ne lui aurait pas confié tout cela, s'il ne pensait avoir une chance que la proposition marche. Jim devait se poser la véritable question : serait-il capable de toucher du doigt l'inimaginable ? Pas pour l'argent mais pour tenter l'expérience, rien qu'une fois.

S'il jouait le jeu, il devait mettre entre parenthèses sa quête de l'âme sœur. Il lui restait trois jours pour décider.

En rage, Jim secoua le radiateur. Pourquoi avait-il accepté ?

XXI

SÉBASTIEN

13 heures 45.

Jim cala son dos contre la fonte du radiateur. Jamais il n'aurait dû accepter la proposition de Peter ! Sébastien l'avait aidé sans même le savoir.

Paupières closes, Jim se revoyait au volant de sa Triumph, se garant sur Saint-Pattern à proximité du "Boucicaut", le restaurant où l'attendait Sébastien. C'était le 1er juin. Faim de loup, ce souvenir lui mit l'eau à la bouche.

Son frère lui fit un signe pour qu'il vienne le rejoindre à une petite table placée au fond de la salle bondée.

— Tu as l'air en pleine forme !

— Plus que tu ne le crois, répondit Jim en s'installant.

La discussion s'embraya comme à l'accoutumée. Sébastien venait de quitter un fournisseur et s'enflamma sur l'âpreté de la négociation, Jim, à défaut de remontée des attentes clients, abonda sur le reporting. Les assiettes de hors-d'œuvre desservies, le plat de résistance apporté par le serveur permit à Jim de changer de sujet de conversation.

— Est-ce que tu as déjà été au lit avec une femme plus âgée que toi ?

— Qu'est-ce que tu sous-entends par là ?

— Une question, c'est tout, alors ?

— Je ne sais plus, moi ; oui, sans doute… Évidemment, Pauline a six mois de plus que moi !

— Je ne te parle pas de Pauline, mais d'une femme, disons, un peu plus mature…

— Ça veut dire quoi plus mature ?

— Cinq ans de plus, dix ou même quinze.

— C'est étrange que tu me demandes cela justement aujourd'hui. Tu te souviens de la professeure d'anglais que l'on avait en première année d'école d'ingénieurs à Rennes ?

— Non, pas vraiment.

— Mais si, mademoiselle Williams, l'assistante. Eh bien, je l'ai croisée ce matin devant l'école de Ben.

— Tu as eu une aventure avec elle ?

— Oui… cela remonte à près de vingt ans. Elle n'a pas tellement changé et ça m'a fait quelque chose de la revoir ainsi.

— Elle était plus vieille que nous ?

— Eh bien, j'avais dix-neuf ans, toi vingt et elle devait frôler les vingt-sept. Donc, oui, c'était une vieille.

— Le terme n'est pas un peu excessif ?

— Juste pesé, à cette époque, la prendre dans mes bras signifiait braver tous les interdits. C'était une femme, une vraie. Quand je l'ai revue ce matin, tu vois, cette différence d'âge qui m'impressionnait tant, eh bien, tout ça c'était de la foutaise…

— Tu serais disposé à avoir une nouvelle aventure avec elle ?

— Tu es dingue et Pauline ?

— S'il n'y avait pas Pauline ?

— Tu veux que je sois sincère, eh bien, oui ! Elle m'a toujours plu et elle me plaît encore.

— Donc, tu serais prêt à être l'amant d'une femme d'une autre génération que la tienne ?

— C'est relatif, elle n'a pas soixante ans ! Et puis d'abord, tu veux en venir où ?

— Je me demande, moi, si je serais capable de le faire, enfin, de passer à l'acte avec carrément une senior…

— T'as rencontré une femme d'âge mûr et tu as tout quitté pour elle ? Elle va te sponsoriser, c'est ça ?

— Non, j'ai lâché mon travail, parce que je m'y sentais à l'étroit.

— Tu sais, on en a parlé avec Pauline, tu devrais te remuer vite fait pour trouver un autre emploi.

— C'est Pauline qui pense ça ?

— Oui, elle a plus le sens pratique que moi. Elle voit factures et crédits, elle affirme que, compte tenu de ton train de vie, tu devrais réagir en urgence.

— Elle n'a pas tort, mon banquier ne me donne pas plus d'un mois.

— Et tes actions ?

— En chute libre. Si ça dure trop, je vendrai mon 4x4.

— Pas ta Triumph, quand même ?

— Non, ça jamais !

— Démissionner sans aucune perspective, moi, je ne pourrais pas. Il y a Pauline et Ben.

— Eh bien, moi, pas de petit Ben, alors je l'ai fait !

— Famille ou pas, mon petit père, il faut que tu te dégottes un nouveau job !

— Je trouverai.

— Tu nous fais la crise de la quarantaine ? Je fous tout en l'air… s'exclama Sébastien.

— Possible…

— Eh bien, je ne dis pas que tu as tort, d'un certain côté, je te comprends. Moi aussi, j'ai cogité à l'approche de mes quarante ans. J'ai fait le point en me disant que j'avais réussi jusque-là et que j'allais continuer de plus belle.

— Tu n'as jamais songé à tout larguer ?

— Tu as vraiment pété un plomb, Pauline a raison !

— Alors ?

— Non, on sait ce que l'on perd et jamais ce que l'on gagne. Moi, j'ai beaucoup à perdre, ce n'est pas comme toi. Si je plaquais tout, ce serait avec Pauline et Ben dans mes bagages.

— Moi, ma valise est légère, alors je peux tout expérimenter. À quarante ans, on peut encore le faire, mais demain, ce sera trop tard.

Jim tritura sa fourchette, noyant ses pensées dans sa blanquette de veau.

— Tu as déjà trompé Pauline ?

— Jamais !

— Tu y as pensé ?

— J'ai eu des occasions, mais je n'ai pas voulu tout gâcher. Et puis, à la fin, où tu veux en venir ? Tu as rencontré quelqu'un de marié ?

— Non.

— Une divorcée ? T'as revu Virginie depuis le 1er de l'an ?

— Pas du tout. Au fait, j'avais oublié de te remercier de l'avoir invitée.

Sébastien sourit. Il avait dû passer pas mal de coups de fil pour débusquer une célibataire disponible pour la Saint-Sylvestre. Pauline l'avait assisté. Cet effort s'était vu récompensé, il était sûr que Virginie avait flashé sur Jim et ne comprenait pas pourquoi il ne l'avait pas revue.

— Tu as toujours son numéro de téléphone ? Si tu l'as égaré, je peux te le redonner…

— Non, merci, c'est OK pour moi.

Sébastien ne comprit pas vraiment le « OK pour moi », mais il s'en satisfit. Jim se souvint de la clairvoyance du fils de Sébastien. Elle n'était pas une princesse et son frère n'avait même pas remarqué cela.

Sébastien questionna :

— Et toi, est-ce que tu as eu cette satanée femme de dix ans de plus que toi ?

Jim réfléchit.

— Non jamais, mais je pourrais bien…

— Tu as quelqu'un en vue et tu n'oses pas me l'avouer ?

— Tout juste, en vue…

Jim avait pris sa décision. Son frère, sans l'imaginer, venait de lui conseiller de franchir le pas. Avant de se lancer dans une vie de bon père de famille, il allait tenter une dernière expérience. Jim appela Peter sur son portable pour lui fixer un rendez-vous le soir même. Il s'estimait prêt à jouer à un jeu dangereux, à se lancer dans un sport "borderline".

Jim sentit la fonte lui blesser le dos. Piégé…

XXII

L'HOMME PARFAIT

13 heures 50.

Ambiance glacée du hall. Jasmine, en sueur, poussa la porte de verre. Barbara était fraîche comme une rose ; elle, en nage. Suivre son amie au pas de course s'était transformé en promenade sportive.

— Il est athlétique, musclé et fait des footings chaque matin, enfin pas en ce moment…

— L'homme parfait !

— Exactement. C'est un aventurier.

— On prend l'escalier, histoire de digérer ton super Jim ?

— Bien sûr… Au fait, j'ai adoré *Tristes Tropiques* et aussi l'ouvrage de Mike Morwood. Ce n'est pas à la portée du premier venu. Comme j'ai un peu malmené les pages, j'ai passé commande à la librairie pour t'en restituer de tout neufs.

13 heures 51.

Sa barbe de quelques jours irritait sa peau. Avec tendresse, elle lui avait chuchoté qu'il faisait baroudeur. Ne pas pouvoir se raser mettait Jim en rage. Il se remémora le 1er juin. Aux environs de dix-neuf heures, Peter s'annonça enfin. Comme à son habitude, il salua Jim en déposant consciencieusement son parapluie derrière la méridienne. Il était tiré à quatre épingles tandis que Jim n'était même pas rasé.

— Alors, pourquoi as-tu consenti à te lancer dans cette nouvelle aventure ?

— Justement, parce que c'est nouveau.

Jim songea que sa réponse ne valait rien. Participer au rallye Paris-Dakar, là, le trip aurait été vraiment décoiffant. Sa décision était plus liée au fait que personne d'autre ne lui avait proposé du sensationnel. Si un de ses proches lui avait soumis l'idée de faire le tour du monde sur un trimaran ou si Baruch lui avait suggéré de le rejoindre sur un chantier archéologique en plein désert, il aurait accepté sans hésiter. Ici, il se laissait glisser sur la vague.

— Bon, je vais parler business et tout en douceur. On verra après le premier contrat.

Jim se demanda si son banquier entremetteur ne faisait pas aussi dans les assurances. Dans un emploi de gigolo, il n'avait jamais imaginé que l'on utilise le vocable de contrat.

Peter sortit de son attaché-case, un dossier, avec sur le dos cartonné, un unique numéro.

— C'est quoi ces chiffres ?

— C'est toi, tu seras le 69.

Jim déglutit, imaginant qu'il y avait sur le Morbihan, 68 types comme lui, fichés par son drôle de financier.

— Voilà le contrat en double exemplaire.

Jim prit dans ses mains, les trois feuillets dactylographiés que lui tendait Peter.

Il se mit à suivre la lecture que faisait son ami. La société Medialine, basée à Londres, l'engageait pour un « accompagnement individualisé de clientèle féminine ». Les articles se succédaient, reprenant les obligations de chacune des parties. Pour Jim, elles consistaient en l'escorte personnelle d'une cliente avec objectif de résultats de satisfaction. Termes vaporeux qui signifiaient au minimum sortir et dîner avec une femme. Il osa poser la question qui lui brûlait la langue :

— Le mode opératoire comprend-il obligatoirement de devenir l'amant de la cliente ?

— Obligatoirement non, mais à la demande oui.

Jim tressaillit, songeant que, sur l'acte d'amour, il n'était pas question de mettre une date de péremption. Il repensa au remariage éclair de son oncle avec une femme de soixante-dix-huit printemps, rencontrée à la maison de retraite. Ces deux êtres s'aimaient, voire même se prêtaient à des ébats amoureux. Il repensa à madame Evantes. Était-elle le genre de femme à faire appel à une agence comme Medialine ?

— Est-ce que je pourrais avoir une photo de la cliente ?

— Non, le mandat n'est jamais nominatif. Sache que les femmes qui font appel à Medialine sont triées sur le volet.

— C'est-à-dire ?

— Riches et exigeantes. Elles ont toutes plus de cinquante ans et sont adeptes de la chirurgie esthétique pour paraître dix ans de moins.

Pour Jim, cela voulait dire liftée à mort.

Le contrat comportait aussi un volet qui aurait pu paraître sympathique, celui des obligations de la société londonienne. Chaque intervention se payait sur la base d'un forfait jour. Les zéros s'alignaient pour aller se blottir sur un compte en Suisse ouvert à son intention. Jim n'en avait que faire à bien y réfléchir mais fut cependant surpris par le caractère conséquent de la somme.

En annexe, il était précisé qu'une lettre de mission avec descriptif des goûts et souhaits de la cliente serait transmise vingt-quatre heures avant l'opération.

La lecture terminée, Peter tendit un stylo à Jim. Le contrat était déjà signé et portait le cachet de Medialine, Jim parapha sans réellement comprendre les tenants et les aboutissants. Tout cela ne pouvait pas avoir de valeur juridique, l'affaire étant totalement illicite. Il avança, néanmoins :

— C'est plus un contrat moral que légal ?

— Si tu le vois comme cela, tu peux. Moi, je le considère comme un engagement de ta part à mener à bien une première prestation de service sous dix jours. C'est tout. Après, on reverra pour qu'une contractualisation plus longue suive.

Jim était à l'essai pour un emploi d'homme de

plaisir. Voilà, il venait de résumer sa situation. Effondré sur la moquette de la chambre de Jasmine Milan, Jim se maudissait.

13 heures 55.

Jasmine avait suivi Barbara dans l'escalier, sans décrocher un mot. Devant le kakémono Échec et Mat planté dans l'entrée du dernier étage, Barbara se retourna enfin.

— Aucune autre femme dans sa vie ?

— Non.

Jasmine tritura la lettre qu'elle conservait précieusement dans la poche.

Barbara perdait pied, Jasmine s'en voulait d'avoir trop parlé et conclut la conversation :

— Bon après-midi…

Lorsque Jasmine s'installa devant son écran d'ordinateur, elle sortit fébrilement de sa poche l'enveloppe postée de Londres, le 3 juin, et adressée à Jim Flemming.

Elle relut le feuillet pour la centième fois et pleura. Elle avait payé sa robe de mariée avec la carte Gold contenue dans l'enveloppe. C'était là sa première erreur.

XXIII

LA LETTRE

14 heures 15.

Jasmine lui avait subtilisé sa lettre de mission, seule preuve tangible qui lui restait.

Folle proposition et pourtant Jim l'avait espérée avec une telle d'impatience ! S'en souvenir occupa son esprit.

Le jour précédant son arrivée, son état d'excitation était à son comble, malsain et pourtant bien présent. Ce qui l'ennuyait c'était de ne partager avec personne toute cette histoire et surtout de ne pouvoir s'en ouvrir à son frère. Comment aurait-il pu comprendre ?

Le jeudi matin, elle arriva enfin au courrier. Le cachet indiquait qu'elle avait été postée de Londres. Il tripota l'enveloppe dans tous les sens avant de l'ouvrir. Pas très épaisse, cela ne lui plut pas. Il espérait beaucoup de cette missive maigrelette. Fébrile, il décacheta pour découvrir une carte de crédit et deux feuillets sur du papier à en-tête de Medialine. Sur le premier, simples et laconiques, une date et un lieu fixaient le cadre : rendez-vous le vendredi 5 juin à vingt heures dans le salon d'un grand hôtel vannetais.

En bas de page, un numéro se détachait avec une annotation « *Ceci est le code secret de la carte bancaire, vous devrez l'utiliser pour régler les menus frais, votre cliente ne supporte pas que l'on parle d'argent devant elle.* »

Si Jim hoqueta, la seconde page le figea, c'était une liste où des mots sans âme s'alignaient. Le titre, « *Sujets de conversation* », le laissa aphone.

Ainsi la femme qui payait pour l'accompagnement personnalisé, avait fait dresser une liste, façon pense-bête pour les courses au supermarché. Tout en vrac, elle passait du rayon parfumerie à celui de la librairie avec un tour par les spiritueux et le comptoir d'une agence de voyages !

« - *Littérature contemporaine et ouvrages sur la paléontologie.*

- *Excellent champagne millésimé, parfum et mets délicats.*

- *Écuries de course et glisse à Megève.*

- *Kangourous et jeux d'argent.* »

Voilà, elle terminait par le rayon jouets en peluche et le Monopoly.

Vide, creux. Jim allait se planter en beauté et pour la première fois. S'il ne se classait pas dans la catégorie des tombeurs, jamais il ne s'était posé la question du rendez-vous "*number one*", parce que sa spontanéité faisait l'affaire. Rencontre fortuite ou mûrement réfléchie, envie de la revoir, proposition ; ensuite, on parle de soi et on se découvre à l'autre. On essaie de tout faire pour être le must. On séduit et on laisse la jeune femme jouer le jeu de la séduction. Jamais Jim n'avait même imaginé qu'il pouvait se retrouver démuni à une rencontre galante. Il avait toujours aimé choisir, inviter, plaire. Les femmes ne lui faisaient pas peur, néanmoins, là, il craignait cette inconnue dramatiquement organisée.

14 heures 20.

— Tu n'as pas déjeuné au restaurant ! Jessica et moi, nous t'avons attendue !

Sandy se tenait devant Jasmine. Elle semblait sincèrement désolée.

— Excuse-moi, j'ai changé d'avis. Ce sera pour une autre fois.

— Demain ? On compte sur toi !

Sandy tourna les talons, puis se ravisant, fit volte-face et lâcha d'un ton léger :

— Il s'appelle comment ton fiancé ?

— Demain. J'ai un paquet de factures à traiter…

Jasmine ne souhaitait plus mentir, elle voulait oublier d'en avoir trop dit.

Elle glissa la lettre sous le tapis de sa souris et songea avec tristesse : « Il a fait l'amour avec cette inconnue aux goûts de riche. »

XXIV

PROSTITUTION

14 heures 30.

Jim se remémora. Si la lettre l'avait paralysé, le 5 juin lui laissait un goût amer.

À vingt heures précises, il s'installait dans un des petits salons de l'hôtel avec son magazine fétiche *Science et Paléontologie*. Cherchant une contenance, il en parcourait les lignes, faussement plongé dans un article *Nos ancêtres dans nos gènes*, passionnant et tout à fait dans le ton de la liste de courses de sa cliente. La lecture terminée, il contempla les motifs envahissants de la moquette épaisse. Sa consistance lui rappela celle du casino de Deauville.

Tapotant nerveusement sur l'accoudoir du fauteuil, brusquement, il songea à son haleine. La main devant la bouche, il souffla. Il sortit nerveusement un bonbon à la menthe de la poche de sa veste et le suça. Rassuré par la fraîcheur mentholée, il se tenait fin prêt. Puis, l'instant qui suivit, il ne se sentit plus disposé à rien. Il allait se lever pour fuir, lorsque la porte du petit salon s'ouvrit. Une femme, élégante, entra silencieusement. Ses talons s'enfonçaient dans le moelleux du sol. Jim la dévisagea de bas en haut. Il fut surpris.

Style "femme d'affaires", elle portait un tailleur-pantalon gris perle et une étole orange, jetée sur ses épaules, ravivait l'ensemble. Elle ne paraissait pas avoir plus de cinquante ans. Elle s'exprima dans un excellent français mais avec un léger accent anglais.

— Bonsoir, monsieur Flemming, je suis Émilie.

Gêné, Jim se leva maladroitement pour la saluer, elle était presque aussi grande que lui et cela le perturba. Il eut le sentiment étrange d'être dominé par cette femme qui évoluait avec grâce dans l'espace feutré. Elle marcha jusqu'à la fenêtre, puis vint s'asseoir dans un des quatre crapauds capitonnés.

Jim, très mal à l'aise, ne savait comment engager la conversation. C'est elle qui prit le pas avec naturel. Tout était planifié pour lui.

— Une table est réservée au "Crips". J'aime les repas légers, surtout pour le souper. Je ne souhaiterais pas me coucher trop tard. Si nous pouvions y aller dès à présent…

Jim, resté debout, n'eut pas le temps de se rasseoir. Il prit subitement conscience qu'il était le rendez-vous réglé par cette femme et devait obéir. Cette entrée en matière le rassura néanmoins. Les choses s'annonçaient presque claires, un dîner et fin de l'épisode. À la seconde même, il se jura de ne plus jamais accepter ce genre de défi.

Jim et Émilie prirent un taxi qui, manifestement, les attendait devant l'hôtel. Jim évoqua le dernier prix Nobel de littérature durant le trajet, conscient que le sujet n'était pas des plus appropriés. Il s'en tenait aux directives et ne se sentait pas à la hauteur de sa tâche. Sa cliente l'écoutait à peine, plongée dans ses pensées.

La suite se déroula de façon tout aussi lisse, entrée discrète au restaurant et accueil stylé d'un maître d'hôtel. Légers, les mets le furent, comme convenu. La conversation tourna autour des thèmes listés dans la lettre de mission : écuries de course et Black jack. Il parlait, elle abondait avec raffinement. Justesse des termes pesés et choisis, éclairages précis. Par moments, elle le disséquait, entrait dans sa bouche, détaillait son menton, creusait sa fossette. Elle le dévorait de son regard. Jim eut le sentiment d'être un plat que l'on inspecte avant de le goûter. Terrifiante pensée. Le serveur desservait et lui, s'enfonçait dans le blanc de la nappe, discourant sur les plaisirs de la glisse à Megève. Flocons de neige, poudreuse et soudain, l'avalanche, le glas qui sonne avec l'annonce de la fin du dîner.

Émilie passait et repassait son index sur le bord de ses lèvres, subitement, elle s'ouvrit enfin. Ses iris scintillèrent.

— L'origine de l'Homme me passionne. Savez-vous si, dans la région, il a été retrouvé des traces de présence humaine remontant à des dizaines de milliers d'années ?

— Squelettes du mésolithique, menhirs et tumulus du néolithique.

— Et plus avant ?

— Effectivement, les premiers peuplements remonteraient à 250 000 ans. Des percuteurs découverts dans le Pô en témoignent. Le golfe du Morbihan n'existait pas, les forêts couvraient littéralement ce qui aujourd'hui est sous l'océan. Période glaciale pour nos cousins néandertaliens.

— Et si l'homme de Néandertal n'avait pas disparu ?

— Surprenante théorie…

— S'il se tenait là à la table voisine, le reconnaîtriez-vous ?

— Au milieu des hommes de Cro-Magnon contemporains que nous sommes, il ne passerait pas inaperçu…

— Si l'on considère ses membres, son tronc ou sa tête, il se distingue de nous. Par nous, j'entends les Homo sapiens. Néanmoins, ces différences seraient difficilement perceptibles au premier coup d'œil. Habillé, rasé, coiffé, il ne me ferait en rien me retourner. Le serveur lui apporterait son plat sans sourciller.

— Cependant, je doute qu'il puisse commander quelque chose…

— Effectivement, il est probable qu'il n'articulerait pas. Des sons sortiraient toutefois de son larynx. Nous n'avons que ses os pour vestiges, alors… l'imagination peut faire le reste. On ne sait rien de sa couleur de peau, de ses yeux, de sa pilosité ou de ses cheveux… Fascinant homme !

— Surtout mystérieux. En fait, nos origines restent obscures, même si les scientifiques avancent des certitudes, comme la naissance de l'humanité en Afrique et une évolution linéaire. On se met debout, le cerveau grossit, l'intelligence nous tombe dessus et, en quelques millions d'années, on est capables de construire des buildings.

Rien, nous ne savons rien parce que la matière manque. Quelques centaines de crânes retrouvés dans le monde, des fragments d'os et on bâtit une théorie. C'est comme si l'on regardait l'univers avec une loupe…

— Et l'homme de Néandertal, croyez-vous qu'un jour nous saurons s'il pouvait s'accoupler avec les “femmes Sapiens” ?

Ces derniers mots firent déglutir Jim et rayonner son interlocutrice.

Dans ses yeux, il vit une lueur mystérieuse, invitation à voguer vers un inconnu envoûtant et terrifiant. Il succombait, elle partageait sa passion pour les origines de l'Homme et cela n'avait pas de prix.

Émilie devint silencieuse, son café refroidit.

Jim se tenait prêt à sortir sa carte Gold pour un paiement discret. Elle avança alors sa main sur la nappe et effleura la sienne. Il la laissa faire, puis elle retira avec douceur ses doigts. C'est elle qui menait la danse. Jim se retrouvait dans une situation complètement inverse à celle qu'il connaissait habituellement. Émilie, la dévoreuse, venait de le croquer par son raffinement et son intelligence. Cette pensée le surprit. En quoi cette femme avait-elle besoin de s'offrir les services d'un homme comme lui ?

Émilie comprit ce qui préoccupait son cavalier ; sereinement, elle affirma :

— Mon temps est compté. Je considère que l'acte d'amour a un prix et que les préliminaires de la quête me font perdre de ce temps si précieux.

Bien que désarçonné par le propos, Jim pouvait le concevoir. Il était le produit qu'elle se payait. Passer à l'acte, il ne savait pas encore s'il en était capable, il avançait avec elle sur un terrain miné. Il aimait les femmes mais ne s'était jamais trouvé dans un tel cas de figure.

À vingt-trois heures quarante-cinq, ils entrèrent dans un hôtel particulier situé à deux pas de la Porte Prison.

À minuit, Jim se réfugia dans la salle de bain, vaste et vide.

Sur une desserte, un unique flacon de parfum, à l'étiquette énigmatique, le fit tressaillir. Le numéro, « 69 », le glaça parce qu'identique à celui du dossier contenant le contrat remis par Peter. Curieux, il pressa l'atomiseur. De subtiles fragrances masculines s'évaporèrent dans l'air. Instantanément, elles lui plurent.

Dans cette ambiance parfumée, devant la glace, il répéta à haute voix :

— Mon vieux, tu vas le faire, les dés sont jetés.

Trente minutes plus tard, ils étaient amants.

À deux heures trente, Jim se leva et se rhabilla sans un mot. C'est alors Émilie qui l'entretint de façon plus qu'étrange. Rien sur l'acte, elle aborda uniquement le thème du kangourou. Ramenant le drap sur ses seins, elle annonça que ce mot venait du grec « grand pied » puis, en guise d'adieu, elle lança :

— Nous allons vite nous revoir… J'ai grand besoin de vous, Jim Flemming.

Jim quitta les lieux dans la nuit. Ses pas résonnaient sur les pavés humides. Écrasé par la masse de la cathédrale Saint-Pierre, il rapetissait et eut comme un haut-le-cœur. Son corps lui faisait prendre conscience d'une chose que son esprit n'avait pas encore saisie. Ce qu'il venait de faire lui donnait une envie irrépressible de vomir. Penchant sa tête en avant, courbé en deux, appuyé sur le bas de la tour romane, rien ne sortit de sa bouche. Ce qu'il venait de faire, jamais il ne le referait. L'expérience devait s'arrêter là. La soirée, vue de l'extérieur, aurait pu paraître agréable, il l'avait vécue comme une spirale infernale. Il s'écœurait. La mésaventure prenait fin devant cette église épiscopale.

Le sparadrap tiraillait ses lèvres. Hélène, tu te prénommais Hélène et non Émilie…

XXV

APPELS

14 heures 45.

Au bureau, Jasmine composa le numéro de son domicile. Elle laissa sonner, attendant que le répondeur se déclenche. Tout excitée, elle raccrocha…

Jim enfonça profondément ses ongles dans ses paumes. Harcèlement, l'agression physique ne lui suffisait pas ! Elle l'agressait mentalement en ne lui laissant aucun répit. Le téléphone ramené dans la chambre le reliait à elle à chaque instant. Elle glissait sournoisement par le fil, rongeait le câble pour le rendre fou. Elle le salissait par son amour poisseux, l'engluant dans sa toile d'araignée. Piégé, Jim se sentait crasseux, au-delà de la saleté sur ses vêtements. Son corps, ses moindres pores suintaient de son emprisonnement. À quand remontait sa dernière douche ? Au 7 juin et nous étions le 11.

Cette ultime douche ne l'avait pas lavé, celle-là ni la dizaine de celles prises le jour précédent, lendemain de la nuit passée avec sa cliente. Vingt-quatre heures à se frictionner pour oublier le sale type qu'il était devenu, le "gigolo", le lâche, incapable de contacter Peter, son entremetteur. Il craignait trop que son banquier lui demande des détails ou évoque l'argent qui devait s'empiler sur un compte en Suisse.

Centré sur son ego mis à mal, il s'était cloîtré dans son loft durant un jour plein. Le 7 juin, la peau irritée, il se décidait enfin à quitter son chez-lui. Lunettes de soleil sur le nez, il renaissait au monde avec l'énorme envie d'un petit-déjeuner au bistro. Comme son frère le clamait si bien, il fallait déguster le meilleur moment de la journée, ce "petit-déj" qui pouvait prendre des allures de grand pour un connaisseur. S'accouder à un comptoir, buller face à son expresso, s'emplir de la chaleur du liquide avec un reste de nuit sous le palais, voilà comment Sébastien appréciait la vie, revisitée par ce poète du quotidien.

Ce matin-là fut différent. L'attaque arriva de biais, sournoise, par un journal posé négligemment sur le zinc, par le visage féminin obsédant qui faisait la une, par un gros titre « *Assassinat en plein Vannes* » qui le terrifia.

Tout, il y vit tout, l'effroyable en son entier. Elle s'appelait Hélène Cornwell et non Émilie, dirigeait un groupe de cosmétiques, l'appartement où elle avait été retrouvée morte était la propriété de sa société. Les mains sur sa tasse, il vit en un éclair les menottes à ses poignets de coupable idéal. En sueur, il s'enfuit du bar, s'accrocha à son portable et appela Peter à plusieurs reprises, en vain. Il lui laissa trois messages, le suppliant de le rappeler au plus vite. Jim se réfugia chez lui, s'enferma à double tour. Tel un lion en cage, il tourna en rond dans son living vide, comme le lui avait si bien annoncé Ben. Cogitation folle, bien que non spécialiste en matière de criminologie, il se doutait que son ADN et ses empreintes se trouvaient bel et bien sur la scène du crime, pire son sperme maculait les draps. Si le véritable coupable du meurtre n'était pas rapidement appréhendé, il ferait la cible parfaite… Son histoire à dormir debout de “rendez-vous facturé” n'allait pas arranger les choses. Comment expliquer à la police qu'il avait passé les dernières heures de la vie d'Hélène Cornwell en sa compagnie et n'était pas son meurtrier ? D'ailleurs, la police n'allait pas tarder à le retrouver. Dans la précipitation, Jim fit un sac light avec quelques vêtements, prit son passeport et le vieux revolver de son père. En sortant en trombe du parking, au volant de sa Triumph, il savait qu'une seule personne le croirait, son frère. Sébastien allait l'aider.

15 heures 10.

Le téléphone, relégué dans un angle inaccessible de la chambre, sonna à nouveau. Jasmine laissa un message *« Jim, je ne rentrerai pas trop tard ce soir, mon amour, tu me manques tant. »*

Jim avait les yeux rivés sur le voyant rouge qui clignotait.

Le 7 juin, au volant de sa Triumph, il avait composé pour la énième fois le numéro de Peter. Lorsqu'une voix inconnue lui répondit, la roue de son véhicule heurta le bord d'un trottoir.

— Allô, vous êtes ? répéta le quidam.

Jim balbutia :

— Excusez-moi, j'ai dû composer un mauvais numéro.

Deuxième tentative. La même voix grave demanda :

— Qui est à l'appareil ?

— Est-ce que je pourrais parler à Peter Voland ?

— Désolé, c'est impossible. Qui êtes-vous ?

— Un ami, c'est bien son portable ?

— Oui, mais monsieur Voland a eu un accident de voiture.

— Grave ?

— Mortel… Qui êtes-vous ?

Jim raccrocha sèchement. Comment ne pas sombrer dans la paranoïa ? Déjà deux morts, Peter et Hélène Cornwell, il devait se mettre à l'abri et vite, s'il ne voulait pas être le troisième. Ses mains se mirent à trembler. Une voiture de sport le suivait de si près que, dans son rétroviseur, le visage vérolé du conducteur grossissait à vue d'œil. En bas du boulevard de la Paix, il accéléra pour passer à l'orange, embraya, puis freina pour éviter un cycliste. Son pneu explosa et sa course folle se termina sous les roues d'une camionnette de livraison. Sonné, le nez dans son airbag, il reprit ses esprits. Son torse comprimé, il suffoquait. Affolé, il pencha avec difficulté la tête, scruta l'extérieur par la vitre et vit l'individu à la face minée qui tentait d'ouvrir sa portière coincée. Stupéfaction, le parapluie fétiche de son banquier se balançait, accroché au coude du costaud. Sous sa veste, Jim discerna une arme. En à peine cinq secondes, il réagit, allongea son bras pour toucher son sac. À tâtons, il empoigna le revolver de son père et tira dans l'enveloppe salvatrice. Abasourdi, les tympans explosés, Jim s'extirpa de l'habitacle, par la porte côté passager. Colt au poing, il se mit à courir loin de toute l'agitation créée par l'accident. Le parapluie le pourchassait.

15 heures 20.

« *Nourriture pour Buz* », nota Jasmine sur un post-it qu'elle colla sur le tapis de sa souris.

16 heures.

Jim éternua, Buz venait de se glisser dans la chambre. Si elle n'avait pas acheté deux boîtes pour ce satané chat, jamais il ne l'aurait abordée. Le félin s'allongea sur la moquette, tel un tigre prêt à bondir, bien en face de sa proie. Il étira les pattes et les griffes, preuve qu'il se voulait le maître incontesté des lieux. Son museau se dressa en direction de la patère accrochée au mur, puis se tourna vers Jim. Les pupilles dilatées, les yeux de l'animal perçaient l'âme de Jim.

Soudain, un râle terrifiant sortit de sa gorge. Dans ce souffle rauque, Jim entendit : « La belle va te tuer. Elle revêtira sa robe de mariée, puis se donnera la mort. » Nul miaulement mais un terrible présage, l'instinct de l'animal flairait sa fin prochaine. Quand agirait-elle ? Ce soir, demain, dans huit jours ?

16 heures 10.

La page blanche devant elle, Jasmine la noircit de son écriture d'écolière, fine et ronde. Reposant son crayon gras, elle relut sa prose, mains jointes.

« *Mon amour,*

Souviens-toi de la prière de sainte Thérèse. Étranger sur la terre, tu fus errant, toi le Verbe Éternel, tu n'avais rien… non, pas même une pierre, pas un abri, comme l'oiseau du ciel… O Jésus, viens en moi, viens reposer ta tête, viens, à te recevoir mon âme est toute prête. Mon bien-aimé sauveur, repose dans mon cœur, il est à toi. »

Elle froissa la feuille. Dieu, Jim ne comprendrait pas. Alors, elle chercha au plus simple.

« *D'un frôlement, laisse-moi essuyer ton passé pour le rendre vierge comme au premier jour de ta naissance. Plus que tout, je souhaite être ton avenir. C'est avec toi et nul autre, uniquement auprès de toi que je veux concevoir mon demain. À chaque instant, tu te tiens à mes côtés, je sens ta présence, ton odeur. Si fort est mon émoi qu'il me fait me noyer dans un tourbillon. Je plonge, je me débats, tu me retiens. Te savoir là, uniquement pour moi me transporte. Tu es mon exclusivité, venue à moi parce que tel était ton destin. Séducteur, tu m'as capturé dans tes rets par mille détails, la finesse de tes doigts, ton sourire enjôleur, ta fossette au menton. Je n'ose encore y croire, je vis un rêve inespéré, enchanteur.*

J'étais misérable, désormais, je suis riche mais… »

La mine grasse se brisa sur ce « mais ». Jasmine sortit un taille-crayons de son tiroir puis tailla consciencieusement son arme jusqu'à ce que la pointe noire fût parfaitement aiguisée.

« …Cette relation est impossible. Je suffoque, je pleure. M'aimeras-tu un jour, mon bien-aimé ? Je me sens trop vulnérable lorsque tes yeux m'implorent. Encore quelques jours et nous serons à jamais réunis, pour les siècles des siècles. Je le sais maintenant, notre amour n'a aucune issue. »

Un bip l'alerta d'un nouvel email.

« Ce soir, vingt heures chez toi. Je veux juste voir Jim. Barbara. »

Non ! hurla Jasmine. Il est à moi, rien qu'à moi !

XXVI

LES INTRUS

18 heures 10.

Madame Brownsky se pavanait avec une barbe à papa sur la tête. Les mèches roses, paille et mordorées se dressaient, formant un casque coloré. Cette femme affichait un côté “Foire du Trône” avec son visage enduit d’une pâte grasse, couleur caramel. L’excès de maquillage virait au grotesque. Derrière ses énormes lunettes de soleil à monture sertie de strass, l’ombre à paupières dorée scintillait. Eyeliner, bord des lèvres surligné d’un trait marron, tout faisait carnaval. Jasmine l’avait surnommée La panthère du troisième âge. L’animal de cirque habitait l’appartement situé au premier étage.

— Bonjour mademoiselle Milan !

Jasmine répondit par un timide signe de la main.

La tigresse attrapa la jeune femme au pull à grenouilles par le bras, puis elle lâcha prise dès qu’elle sut que Jasmine ne pouvait faire autrement que de s’arrêter.

— Dimanche dernier, nous avions une réunion entre amies…

Jasmine, songeant au clan des veuves, eut un frisson qui lui parcourut le dos.

— Donc, nous préparions notre “botox party” du lundi et, de la fenêtre, je vous ai aperçue avec votre ami. Joli garçon… Très joli garçon, un parent peut-être ?

Les paroles de sa défunte tante lui revinrent en pleine face. La panthère, véritable pie, organisait avec une autre pie, des déjeuners dominicaux bien particuliers. Elles préparaient tous les trois mois, une botox party. Pour se remonter le moral, elles avaient passé un accord avec un chirurgien plasticien fort malhonnête qui s’en donnait à cœur joie, à coups de piqûres de botox. L’homme délestait ces dames de leur fortune et atténuait en contrepartie rides et ridules. Accord parfait !

Jasmine avait été vue en compagnie de Jim, elle devait très vite éteindre le feu qui couvait.

— Un proche de la famille, il est reparti en fin d’après-midi.

— Je ne l’ai pas vu redescendre… Je ne suis pas curieuse mais si votre ami repassait, n’hésitez pas à me rendre une petite visite. Ma solitude me pèse…

La fringante tigresse frôlait les soixante-dix ans et avait du mal à repérer de nouveaux lieux pour “son shopping de l’amour”. Elle fréquentait assidûment le Palais des Arts, les salons de thé des rues piétonnes et se tenait à l'affût de la moindre occasion. Sa résidence ne lui laissait que de rares ouvertures et cette intrusion d'un bel inconnu lui titillait l'esprit depuis cinq jours.

Jasmine eut un affreux doute. Aurait-elle pu identifier Jim Flemming ? Son portrait avait paru dans la presse, il était recherché par toutes les polices de France.

— Vous le trouvez bel homme ? Pourtant, vous l'avez tout juste aperçu et de loin.

— Je ne suis pas aveugle, ma chère, et bien que furtive, son apparition fut un réel délice. La présence virile dans ces murs se résume malheureusement, à une gente masculine qui cultive un peu trop le côté féminin de l'être…

Madame Brownsky faisait ainsi une discrète allusion au couple du second étage.

Jasmine changea de conversation :

— Votre séance de "rajeunissement" de lundi dernier vous fait paraître cinq ans de moins.

— Dix, ma chère, dix… Si ce monsieur revenait. J'ai oublié son nom, vous m'avez dit qu'il s'appelait ?

— Je ne vous ai rien dit. En plus, il est parti à Cuba.

— Un aventurier…

Pourquoi Cuba ? Jasmine se demanda pourquoi elle avait annoncé Cuba. Ce pays lointain attiserait certainement le foyer qu'elle voulait éteindre. Jasmine tira sur les manches de son pull et prit la poudre d'escampette avec un rapide « bonsoir ! ».

La clé tourna dans la serrure, la porte d'entrée claqua. Jasmine était entrée. Jim grinça des dents. Elle allait retirer ses mocassins vernis, enfiler ses chaussons rouges et venir à lui à pas feutrés.

Sur ses semelles de feutre, Jasmine glissa effectivement jusqu'à la chambre.

— Jim, j'ai d'excellentes nouvelles pour toi. Tu vas sauter de joie…

Pieds liés, Jim ne voyait pas comment il aurait pu s'élancer pour exprimer une quelconque allégresse.

Jasmine caressa sa robe de mariée du bout des doigts, affolant les volants tout en douceur. Rassasiée par ces frôlements vaporeux, elle vint s'asseoir sur son lit, le sourire éclatant.

— Voilà, l'enquête avance… Tu es toujours le suspect numéro un, mais Hélène Cornwell possédait tant d'ennemis que je suis maintenant prête à croire tes aveux.

Jasmine avait demandé à Jim, le deuxième jour de sa détention, d'écrire toute son histoire. Maladroitement, sa main menottée avait couru sur le papier. Ainsi, s'il lui arrivait quelque chose, il laissait la trace de la terrible machination.

— Mon chéri, comment un homme avec ton intelligence a pu se faire piéger ainsi par une telle punaise, la pire qui soit ? Enfin… Donc cette Anglaise qui t'a fait tourner la tête espionnait tout. Indiscrétion grossière et insoutenable pour moi qui suis catholique pratiquante. Oui, c'était bourré de caméras… là où vos ébats ont souillé le lit, là où elle a été retrouvée morte…

Jasmine battit des paupières, l'œil humecté par la révélation. L'outrage se dissipa sur une note de retour à la réalité.

— J'oubliais, tu dois mourir de faim. Je vais te donner la becquée… mon ange.

Dans son nid douillet, Jasmine couvait avec volupté, un homme tout à elle, toutefois trop peu bavard. Doucereusement, elle lui retira la muselière puis, sauvagement, d'un coup sec, arracha le sparadrap collé sur la bouche. Jim se mit à hurler.

Jasmine s'empressa, elle n'avait que peu de temps pour agir. Elle lui enfourna son ingénieux système dans le gosier, un entonnoir qu'elle attacha par un lien. Jim se serait laissé dépérir sans cette idée géniale. Jasmine commença le gavage de son poussin tout en chantonnant une berceuse.

Dix minutes plus tard, Jim dormait à poings fermés, drogué. Jasmine lui caressa les cheveux et lui fit la lecture de sa lettre enflammée de bien mauvais augure. À l'extérieur, dans la petite cour de l'immeuble, généralement désertée, un trio s'était formé. Sous la tonnelle ombragée, le rosier blanc grimpait, s'étalait, embaumait de mille parfums. Sur le banc, sous les pétales, madame Brownsky conversait avec monsieur Arald et monsieur Luis.

— Il y avait tant de fleurs… pleurnicha, mouchoir en main, Luis… La cathédrale Saint-Pierre, immense et cependant bien trop petite pour accueillir tous ses amis… Ses parents n'étaient pas au courant, alors cela a été un choc d'apprendre ainsi que leur fils était homosexuel.

— Il devait s'en douter… renchérit Arald.

Luis pesta.

— Toute notre petite communauté se tenait massée au fond, du côté de la chapelle Saint-Louis, nous ne pouvions le laisser partir sans ce dernier au revoir.

Madame Brownsky pinça les lèvres et esquissa un sourire. Elle imaginait le tableau, la gaypride s'était invitée à l'enterrement. Elle fixa les chaussettes fushia de Luis. Bien que vêtu d'un costume noir qui lui allongeait la silhouette, ses lunettes à monture rose et ses chaussettes trahissaient son goût pour les couleurs “bonbonnière”. Arald posa avec délicatesse sa main sur l'épaule de son aimé.

— Vingt-sept ans que nous vivons ensemble et cela faisait bien dix ans que nous connaissions Peter. Partir ainsi, d'un coup… Stupide !

— Accident, abonda Luis.

— Non, il s'est suicidé par amour.

— Les freins ont lâché.

— Il s'est suicidé, je te dis. Peter avait le don de s'amouracher d'hétéros.

Madame Brownsky sortit un long fume-cigarette de son sac en croco. Luis chercha un briquet dans sa poche. Toujours très prévenant, il allait au-devant des autres.

— Merci Luis. Moi qui ai multiplié les aventures depuis la mort de monsieur Brownsky, paix à son âme, eh bien, je crois encore en l'amour…

— Impossible. Peter ne parlait que de cet homme, ce…

— Jim, reprit Arald.

— Ce coureur de jupons qui a brisé le cœur de notre Peter. Tu as remarqué, toute la banque était là.

Madame Brownsky remit à sa place une mèche rebelle de son chignon choucroute, elle ne comprenait pas l'allusion.

— Peter était banquier, nous ne vous l'avions pas dit. Alors au fond de la cathédrale, notre groupe d'amis ; devant le chœur à droite, la famille et, sur la gauche, les employés de la banque. Et puis toutes ces fleurs, les orgues et ces petits chanteurs avec des voix d'ange ! Magique et triste !

— Ces brassées de tulipes devant l'autel !

Arald, d'origine hollandaise, vivait depuis plus de trente ans en France. Les tulipes symbolisaient son pays et il avait tenu à faire venir de chez lui une couronne très cocasse. Luis, d'origine cubaine avait fui sa terre natale depuis bientôt trente-cinq ans et adorait, lui aussi, les fleurs. Il peignait de petits tableaux d'une grande finesse, des bouquets d'iris, la saison venue.

— Arald, te souviens-tu des jardins de Bagatelle ?

— Notre premier baiser, comment l'oublier ?

Tous trois restèrent silencieux, les souvenirs amoureux embrassaient ce silence.

Madame Brownsky tira une bouffée et suivit les volutes qui montaient sous la tonnelle.

— Mademoiselle Milan, vous voyez de qui je veux parler…

— Bien sûr ! La jeune femme qui réside au dernier, s'exclama Luis.

— Eh bien, elle a reçu un homme chez elle dimanche dernier. Ne l'avez-vous pas entraperçu ?

Luis croisa les jambes et l'ongle de son pouce vint frotter sa paume.

— Je sais quelque chose…

— Quoi ? demanda madame Brownsky.

— Hier en fin d'après-midi, je l'ai croisée dans une boutique du centre-ville, magasin spécialisé que j'affectionne particulièrement pour les frous-frous… Elle essayait une robe de mariée.

— Doux Jésus ! lança Arald. Elle va se marier !

— Son futur mari est cubain ! lança madame Brownsky.

— Cubain, il faut absolument que je le rencontre !

Arald eut un petit sourire en coin.

— Garde bien à l'esprit que nous sommes pacsés…

— Je ne l'oublie pas. Ne suis-je pas le cordon-bleu de ta vie ?

— Depuis que tu es en retraite, je ne cesse de prendre du poids. Tu as vu comment l'homme qui se tenait derrière moi me regardait.

— À l'enterrement, mais ce type furetait partout. De plus, j'ai horreur des vestes en tweed. Je parierais qu'il est de la police. Il m'a demandé si je connaissais Jim Flemming.

— Alors, il s'appelle Flemming ?

— Ce bourreau des cœurs a tué notre Peter et disparu sans laisser d'adresse.

— Flemming ? hoqueta madame Brownsky.

— Oui, Flemming.

— Il est recherché pour le meurtre de la femme d'affaires anglaise. Vous ne l'avez pas entendu à la radio ?

Luis ouvrit grand la bouche et poussa un cri discret, digne d'un moineau écorché.

— Jésus Marie, notre petit Peter était amoureux d'un assassin !

Quinze minutes plus tard, des petits coups à l'entrée sortirent Jasmine de sa torpeur. Étendue sur la moquette, elle écoutait la respiration de son homme, l'oreille à fleur de bouche de son aimé. Elle s'écarta avec délicatesse, se leva et referma tout en douceur la porte de sa chambre. Barbara était en avance, ce qui n'était pas dans ses habitudes.

Jasmine remit d'aplomb son serre-tête, lissa ses cheveux bruns d'un geste travaillé. Impeccablement mise, elle ouvrit.

Luis et Arald se dressaient devant elle, tout sourire, l'un tenait en main un bouquet de tulipes et l'autre, une boîte de gâteaux.

— Nous avons appris que vous vous mariez, aussi…

— …nous sommes venus fêter le grand événement !

Avec naturel, Arald s'aventura dans le salon. Luis le suivit et Jasmine, désemparée, laissa les intrus s'immiscer.

— Vous avez vendu le piano de votre tante ?

— Alors, où se cache votre beau Cubain ?

Arald dodelina de la tête.

— Excusez notre indiscrétion, madame Brownsky nous a mis au courant. Nous venons d'enterrer cet après-midi un jeune ami et la nouvelle de vos noces nous a mis du baume au cœur. Tant de malheur dans ce monde si cruel et puis une lueur d'espoir… Pour célébrer l'heureuse nouvelle, nous ne nous sommes pas invités les mains vides. Nous ne vous dérangeons pas ?

Jasmine était restée muette, stupéfaite par la tournure des choses.

— Alors, alors… où se dissimule le prince charmant ?

— Reparti à La Havane ! brailla Jasmine.

Jim sombrait dans les bras de Morphée. Il se réveilla en sursaut, nauséeux. Du bruit dans le salon, des voix d'hommes. Épuisé, il se mit à secouer son fidèle radiateur.

— Des rats ! hurla Jasmine. Mon chat joue avec des rats !

Luis et Arald se rapprochèrent, leurs corps se touchèrent pour affronter l'abomination.

— Il y a des rongeurs dans l'immeuble ! s'exclamèrent-ils en chœur, unisson parfait.

Instantanément, Jasmine prit conscience de l'énormité de ce qu'elle venait d'annoncer. Elle aurait pu dire « mulots » mais elle avait clamé « rats ». Le mot résonnait comme cafards géants, insalubrité et vide-ordures graisseux.

Elle murmura :

— Un tout petit raton et seulement dans mon appartement. Je ne vous retiens pas.

Le bouquet de tulipes dans les mains, Arald cligna des paupières pour alerter Luis. Le top départ lancé, ils sortirent sans en demander plus.

Dans l'escalier, Barbara croisa le regard hagard de Luis. Arald lui fit un signe de tête et s'affola.

— Vous aussi, vous avez des rats dans votre appartement ?

Barbara se mit à rire.

— Bonsoir, tout d'abord !

Arald fuyait, suivi de Luis.

— Les rats quittent le beau navire, Mademoiselle. Pourriez-vous exiger que votre voisine, la dingue, fasse venir au plus vite le service de dératisation ?

Barbara haussa des épaules et se mit à gravir les marches quatre à quatre.

La porte entrebâillée l'intrigua. Elle entra chez Jasmine, tout en lançant à la volée :

— Ma petite, le monde ne tourne plus rond et toi, tu t'englues dans un carré. Tu vas te marier et les rats envahissent ton cocon.

Jasmine écarta les bras, non pour l'accueillir mais lui bloquer l'accès au salon.

— Jim est sorti. Tu ne pourras pas le voir.

— Peu importe. Je suis venue pour que nous parlions. Je suis adepte de l'écoute active et, ce soir, je vais tendre l'oreille.

— Je n'ai aucunement besoin de tes conseils.

Barbara lui prit la main et l'entraîna dans le living, forçant le passage.

— Sur l'instant, donne-moi le nom de ta meilleure amie.

— Ma mère.

— Non, pitié…

— Toi.

— Voilà, je suis ta meilleure amie et… je suis là parce que tu as plus que besoin de moi. Pas demain, ce soir.

Jasmine s'effondra sur le canapé.

— Je suis au bout du rouleau. Une toile d'araignée se tisse autour de moi.

Jim se réveilla à nouveau. L'esprit embrumé, il sut qu'il devait agir, manifester sa présence au plus vite. Il tapa des pieds, sa tête heurta avec violence le mur capitonné de la chambre.

— Qu'est-ce que c'est que ce vacarme ? questionna Barbara.

— Buz fait le fou.

Jasmine tremblait de tout son être. Son bonheur virait au cauchemar. Sa charmante résidence s'était liguée pour lui faire endurer l'enfer.

— Ton chat ?

— Oui, mon chat, mon Buz... Une minute, je reviens, je vais le calmer.

Jasmine se précipita dans sa chambre. Jim n'arrivait pas à maintenir ses yeux ouverts. Elle était là, il sentait son odeur.

— Tu vas arrêter ce boucan ! chuchota Jasmine.

Jim analysa vite que toute son agitation la mettait en rage. Elle murmurait, il devait y avoir quelqu'un d'autre dans l'appartement. Il se remit de plus belle à frapper des talons sur la moquette. Exaspérée, Jasmine se jeta sur la table de nuit pour attraper le revolver. Le tenant à pleines mains, les doigts crispés sur la gâchette, elle tint Jim en joue.

— Mon chéri, reprends-toi. Je t'en supplie. Je suis prête à faire une bêtise si tu n'arrêtes pas.

Barbara poussa la porte de la chambre et resta pétrifiée.

Surprise, Jasmine se retourna d'un demi-tour. Le coup partit sans qu'elle ne prenne réellement conscience de son acte. Les paupières de Barbara se fermèrent subitement, son corps se laissa glisser, le sang teinta son chemisier blanc. Elle s'effondra sur le sol sans un cri, sans un bruit. Une chute molle, terrifiante.

Jasmine s'écroula à ses côtés en pleurs, restant ainsi quelques secondes à sangloter. Soudain, tel un Zébulon qui s'éjecte de sa boîte, elle se releva d'un bond et se mit à vociférer en regardant Jim :

— C'est de ta faute, tout est de ta faute ! Tu as tué Barbara !

XXVII

MONSIEUR X

20 heures 05.

Ferroni pressentait que Peter Voland était la clé du mystère, le maillon qui liait Hélène Cornwell à Jim. Pour lui, son accident de voiture fleurait le coup monté. Le banquier avait été assassiné pour qu'il ne parle pas. Jim aurait dû subir le même sort et finir entre quatre planches, après sa désincarcération de la tôle froissée. La mine sombre, Ferroni se tenait devant Sébastien. Il lâcha son sac de voyage dans l'entrée et prit dans les bras son beau-fils, lui tapant dans le dos avec rudesse. Ferroni n'était pas du genre à s'épancher sur les malheurs des autres mais là, il partageait la douleur de Sébastien, compatissait avec virilité. Il s'écarta et dit avec assurance :

— Ton frère est imprévisible et le fait qu'il le soit, lui a sauvé la vie.

— Pour combien de temps ?

— Si tout ce qu'il m'a annoncé est vrai et je n'en doute pas, il est en sursis. De toute ma carrière, je n'ai jamais vu une affaire aussi bien montée. Ceux qui ont échafaudé un tel plan vont très vite le retrouver. Au moindre faux pas, il est mort.

Les poings de Sébastien se serrèrent si fort que Ferroni entendit le craquement des os.

— Entre, Pauline a préparé ta chambre.

Quelques minutes plus tard, Sébastien et Pauline s'accrochaient à la bouche de Ferroni. Il posa sa tasse de café sur la table basse du salon et se mit à parler :

— J'ai ma petite idée sur la façon dont tout cela s'est mis en place.

Sébastien déglutit, avalant de travers sa gorgée de caféine. Ferroni ne sourcilla pas.

— Voilà, nous appellerons monsieur X, celui qui a exécuté Hélène Cornwell. Donc monsieur X prémédite le meurtre et s'y prépare de longs mois à l'avance, en échafaudant son plan avec méthode. Tout d'abord, notre assassin connaît les goûts les plus secrets de madame Cornwell, son penchant pour les hommes, sa façon d'acheter le sexe. Il comprend qu'il peut en tirer parti et crée alors une société fantôme, Medialine, avec une adresse sur Londres. Jim m'a indiqué avoir pris des renseignements sur cette société mais sans succès. Moi-même, je n'ai trouvé qu'un ectoplasme. C'est là que Peter Voland entre en scène.

— Le copain banquier de Jim ?

— Cet homme vient de trouver la mort dans un accident plus que suspect. Cet après-midi même, je me suis rendu à son enterrement. A priori, cet individu cachait bien son jeu, un type sans histoires, apprécié de tous et notamment de tous ses amis gays.

Sébastien s'exclama :

— Je l'avais bien dit à Jim qu'il était homosexuel ! Je suis certain que Jim ne lui était pas indifférent.

— En tout cas, je ne sais comment, mais Peter Voland a joué à un drôle de jeu qui lui a coûté la vie. Il a proposé à ton frère de devenir gigolo.

Pauline hoqueta, sa cuillère se mit à danser dans sa tasse, elle tournait et retournait son café sans sucre.

— Jim n'est pas comme ça. Il a toutes les filles qu'il veut. Non, certainement pas pour l'argent, N'importe quoi !

Sébastien se gratta nerveusement le menton.

— Jim l'a fait.

Ferroni classa le fait et poursuivit :

— Monsieur X intercepte la demande d'Hélène Cornwell à son agence habituelle. Cela, je l'imagine. Il lui fallait ensuite trouver le pigeon, ce fut ton frère.

— Il aurait pu ne pas marcher…

— Peu importait que ce fût lui ou un autre, il lui fallait débusquer le type qui accepterait de passer une nuit avec Hélène Cornwell. Lorsque Peter Voland a fait la proposition à Jim, il est fort possible qu'il l'ait faite à un autre, un numéro deux. S'il y avait un homme de secours, nous ne le retrouverons jamais. Quoi qu'il en soit, Peter Voland ne devait pas être au courant de l'enjeu final. Et puis, tout s'est enchaîné merveilleusement, jusqu'au meurtre. Monsieur X, ou son homme de main, a opéré dans les minutes qui ont suivi le départ de Jim. Dans la nuit du 5 au 6 juin, à deux heures trente du matin, Jim quittait le domicile d'Hélène Cornwell. À trois heures, elle était étranglée. La police reste persuadée que c'est Jim qui a agi dans un accès de démence. Pour elle, l'acte n'étant pas prémédité, Jim se serait terré chez lui toute la journée du 6, pris de panique. Du côté de monsieur X, il ne restait plus qu'à escamoter les traces de la machination. Maquiller en accident l'assassinat de Peter Voland a été un jeu d'enfant. La voiture de notre banquier devait passer au garage cette semaine, un défaut de freinage. Son décès a eu lieu le 6 et n'a d'ailleurs nullement alerté les autorités. La mort de Jim était programmée dans les heures qui suivaient, de pareille façon Ce n'est que le dimanche 7 au matin que Jim s'est enfin décidé à sortir sa Triumph du garage. Monsieur X a dû se faire des frayeurs, la police a fait irruption chez Jim aussitôt après. Donc, le scénario se voulait infaillible, avec la fuite de Jim qui se terminait dramatiquement, pneu explosé et son véhicule encastré sous un camion. L'affaire bien qu'étrange aurait été classée avec le décès de Jim. Mais voilà, il s'en est tiré et a subitement disparu, disparition absolument pas prévue ! Dans ces rouages parfaitement huilés, Jim a osé mettre son grain de sable. Il n'est pas mort et a eu le culot de se volatiliser en pleine nature.

— Ton monsieur X doit être sur les dents et Jim fait bien de se planquer ! s'exclama Sébastien.

XXVIII

PRÉPARATIFS DE MARIAGE

20 heures 15.

Tout avait été si fulgurant, des fractions de seconde qui font tourner la terre à l'envers, et puis le calme effrayant, succédant à l'acte fou.

Jasmine venait de repousser la porte, de décrocher du portemanteau sa robe de mariée et de retirer le film plastique qui recouvrait le haut de son vêtement de reine. Maintenant, elle lissait précautionneusement les frous-frous blancs, les étirant avec amour.

Jim regardait Jasmine agir tel un zombie. Le cérémonial se mettait en place dans la bulle de la jeune fille. Elle évoluait sur un nuage vaporeux qui faisait abstraction de l'horreur du monde qui l'entourait. Elle déposa avec délicatesse sa merveilleuse robe sur son lit et commença à se déshabiller, retirant ses pantoufles, son pull aux motifs de grenouilles, son tee-shirt et son jean. Sa lingerie était fleurie, les petites pâquerettes du tissu en coton formaient un champ printanier sur sa culotte. Son soutien-gorge enrobait ses seins de boutons d'or. Les rondeurs de la femme-enfant se dévoilaient pour la première fois à Jim, grâce enfantine, effroyable. Il était terrorisé parce que sachant exactement tout ce qui allait se passer, comme si la scène à venir, il l'avait déjà vécue. Elle allait enfiler sa robe de mariée, le tuer et ensuite se suicider. Jusqu'à il y avait à peine quelques minutes, il ne la croyait pas capable d'assassiner. Pourtant elle venait de passer à l'acte. Combien de balles restait-il dans le chargeur ? Il avait tiré une première dans l'airbag de sa Triumph, Jasmine venait d'en utiliser une seconde. Subitement, Jim eut un flash, la vision de la robe blanche maculée de sang. Alors, il sut qu'elle ne se donnerait pas la mort d'une balle en pleine tête. Jamais elle ne voudrait tacher son habit de lumière. Elle l'empoisonnerait et ensuite boirait de ce même poison.

Jasmine chaussa des souliers à talons puis revêtit sa robe, disposant avec mille précautions les bretelles à dentelles. Soudain, comme si une mouche venait de la piquer, elle s'agita.

— Mon bouquet de lys ! Jim, où as-tu mis mon bouquet ?

Les frous-frous bruissaient telles des feuilles d'automne. Jasmine se pencha tout près de Jim et lui murmura à l'oreille :

— Mon amour, tu n'aurais pas oublié de passer chez le fleuriste. Inconcevable, c'est notre mariage et tu as la tête ailleurs ! Vraiment, je ne peux jamais compter sur toi.

Rehaussant ses lunettes en écaille sur son nez, elle lui sourit avec tendresse.

Jim ne savait pas s'il devait se tordre en tous sens, tambouriner des pieds, secouer encore une fois le radiateur ou rester impassible. Tant qu'elle se débattait dans les considérations matérielles de son rêve éveillé, elle ne lui ferait rien. Puis il se ravisa, si elle s'emmurait dans ce songe, elle allait passer à l'action sans même prendre conscience de l'ignominie de ses agissements. Sa tête vint cogner violemment le mur.

Barbara poussa un gémissement. Jasmine ne l'entendit même pas, Jim se figea. Cette incroyable apparition aux longues jambes était bel et bien vivante…

Jasmine s'éloigna de lui puis s'allongea sur son lit. Yeux grands ouverts, elle fixait un coin de plafond. Fasciné par la blancheur immaculée du plâtre, son esprit s'engluait dans une toile d'araignée se balançant en hauteur. Que faisait la coquine arachnide ? Elle tissait, sécrétait une prison de soie. Suspendue à son fil, elle frémit subitement, sensible à l'approche d'une minuscule mouche. Piégé, l'insecte se tassa sur ses pattes, rétrécit ses ailes. Jasmine gloussa. « Famille des latrodectus ? Si la galante arbore une tache rouge sur son abdomen, elle ne peut que faire pleurer son aimé. » La veuve noire lui cingla l'esprit, Jasmine se leva d'un bond.

— Quelle idiote, j'ai oublié ma lingerie fine !

L'esprit de Jim se perdait à des années lumière de cet arthropode et des dessous de Jasmine, absolument pas au repos, en pleine réflexion terre à terre. Il se disait en lui-même : « C'est cela retire ta robe, enfile tes sous-vêtements en dentelle ! Il faut gagner du temps. La jeune femme agonisante sur la moquette, à quelques mètres de moi, va mourir. Moi aussi, je vais crever, empoisonné par amour… Un miracle peut encore arriver. Prends tout ton temps, Jasmine Milan ! »

XXIX

BEN

20 heures 32.

Ben entra dans le salon, tout en se frottant les yeux.

— Maman, j'ai faim !

Il cligna des paupières, aveuglé par la lumière. Il s'était endormi et la faim l'avait poussé hors de son lit. La vue de son grand-père le réveilla complètement.

— Papi ! Papi, tu es là pour Jim ?

Ferroni souleva du sol son petit-fils pour lui faire un gros câlin. L'enfant retrouva la terre ferme et lança d'un air joyeux :

— Tu sais, il ne faut pas que tu t'inquiètes pour Jim, il va bien. La dame me l'a dit.

— Quelle dame ? demanda Pauline.

— Celle qui est passée dans la cour de l'école, le jour des raviolis à la cantine.

— Mardi, dans la cour de TON école ?

— Pendant la récré, elle s'est faufilée par le portail, derrière la haie.

— Elle t'a parlé de Jim.

— Oui.

— Qui est cette femme ?

— Son amoureuse... Mais elle est moche et grosse mais quand même gentille.

Ben se frotta le bout du nez, si son oncle appréciait une grosse fille, c'était son problème. D'ailleurs, lui aussi aimait Lola et sa mère avait dit à son père qu'elle était ronde comme une petite boule.

Ferroni attrapa Ben et le fit asseoir sur ses genoux.

— Mon petit, tu vas tout nous raconter.

Pauline intervint :

— Pourquoi tu ne nous en as pas parlé ?

— Personne ne m'a rien demandé.

— Ce n'est pas grave, Ben, maintenant dis-moi pourquoi elle est gentille, questionna son grand-père.

— Elle m'a offert un gâteau à l'orange en forme de colline.

— Elle t'a dit son nom ?

— Jasmine.

— Qu'est-ce qu'elle t'a raconté d'autre ?

— Que Jim lui avait parlé de moi, qu'elle était contente de me rencontrer. Jim va se marier avec elle.

Ben fit la grimace, ce n'était pas exactement le genre de princesse qu'il espérait pour son oncle. Il n'arrêtait pas de penser que son petit-cousin qui allait naître, pourrait être vilain. C'était comme cela après le mariage, le bébé se pointait. Il allait tout de même devoir attendre un peu pour partager avec lui ses cocas.

— Y a quoi à manger, ce soir ?

Ben tapota sur sa montre, le cadeau pour ses sept ans. Il était tard pour le dîner. Dans la maison, depuis quelque temps, tout partait de travers. Sa mère avait passé trois fois l'aspirateur dans sa chambre dans la journée, hier elle n'était pas allée faire de courses au supermarché, il n'y avait plus de glace au chocolat dans le réfrigérateur.

Pauline prit son fils par la main et l'entraîna dans la cuisine.

— Jambon purée, ça te va ?

Ferroni s'adressa à Sébastien :

— Incroyable. Combien y a-t-il de Jasmine grosses, moches, qui dégustent des gâteaux à l'orange et vivent dans les alentours de Vannes ?

— Une seule, celle que va épouser Jim. Le ciel nous tombe sur la tête !

— Ton frère est en vie. Avant-hier, il l'était encore. C'est un signe que nous a envoyé Jim.

— Mais il ne connaît aucune Jasmine…

— Qu'en sais-tu ? Tu n'étais pas au courant de sa nouvelle profession, disons d'accompagnateur de dames, alors…

— Tu as raison. Jim nous envoie un message par cette femme. Il doit craindre de nous contacter directement.

— C'est peut-être mieux ainsi…

— Jim t'a exposé tout ce qu'il savait et il compte sur toi pour trouver l'assassin.

— Espérons que notre monsieur X ne débusque pas Jim avant nous. Ton frère est toujours sur Vannes, je le parierais !

Pauline réapparut. Elle s'effondra sur le canapé et prit la main de son mari.

— Ben fait des volcans avec sa purée, nous sommes tranquilles pour les cinq minutes à venir… Et si ce n'était pas le hasard ? S'il n'y avait pas de numéro deux ? Si c'était Jim que madame Cornwell avait voulu, lui et lui seul. Papa, que t'a raconté Jim ? Il a passé une soirée avec cette femme, ils ont dîné ensemble. Sur quoi ont-ils échangé ?

— Eh bien, littérature contemporaine, chevaux de course…

Ferroni extirpa de sa poche un petit calepin noir.

— Voilà, exactement : ils ont parlé de la station de Megève, du dernier prix littéraire et puis, ah oui, de kangourou.

Sébastien hoqueta.

— Là, ça cloche.

— C'est vrai. Maintenant que tu me mets la puce à l'oreille, Jim m'a fait, lui aussi, part de son étonnement.

— Néanmoins, mon frère est un touche-à-tout et ce thème n'a pas dû le laisser coi. Depuis qu'il est tout petit, il se délecte tout autant de biologie que de d'archéologie. Heureusement qu'en parallèle, il a fait des études plus sérieuses ! Tout comme moi, il a doublé sa formation d'ingénieur en agronomie par un cursus commercial. Les hobbies ne font pas vivre un homme, n'est-ce pas, Pauline ?

— N'empêche qu'elle l'a laissé s'étendre sur son inclination pour les mammifères.

— Quand on est passionné, on s'épanche volontiers. Madame Cornwell était polie, voilà tout…

Ferroni intervint :

— Non, Sébastien, Pauline est dans le vrai. La lettre que Jim a reçue le jour précédant la rencontre, faisait état de ce sujet de conversation. Jim devait suivre les instructions et de façon disciplinée, il a embrayé sur le thème commandé, celui du marsupial.

Pauline se précipita sur le buffet bas du salon. Ouvrant tous les tiroirs, elle se mit à crier :

— Ça y est, je l'ai !

Une pile de magazines entre les mains, elle vint se rasseoir aux côtés de Sébastien.

— Voilà.

Elle se mit à lire.

— « *La longue marche des macropodidés garde son secret. Le mot kangourou, dérivé de gangurru, signifie, selon la légende aborigène, « Je ne te comprends pas ». Mystère de ce marsupial qui défie la loi de la pesanteur…* » Papa, je m'arrête là, mais j'ai ici deux pleines pages rédigées par Jim.

— Il a été publié ?

— Il y a vingt ans, chuchota Sébastien.

— Non, Séb, aussi très récemment et, pour cet article-là, j'irai jusqu'au bout, parce que Ben a adoré l'histoire de ce petit bonhomme pas plus grand que lui.

Pauline s'éclaircit la voix :

— « *Homo floresiensis, le trouble-fête, qui revisite l'histoire de l'Homme.*

Nullement atteint de nanisme, cet individu mesurant tout juste un mètre vivait il y a 18 000 ans au milieu de l'Océan Indien. À un battement de cils temporel, il prospérait en groupe puis s'est éteint discrètement, nous laissant orphelin d'une branche de l'humanité à jamais disparue.

La nouvelle de l'existence de ce surprenant individu tomba en 2003 et glaça tous les spécialistes en paléontologie de la planète. Ce fut une prémolaire puis un et jusqu'à six squelettes qui furent mis à jour, tous d'une espèce contemporaine de l'homme moderne, apparue isolément sur l'île indonésienne de Flores. Incroyable, alors ne devait-on se ranger dans le camp des sceptiques ? Indubitablement, si ce n'était pas un siamang, singe des forêts équatoriales d'Indonésie, ce pouvait être un Homo sapiens atteint d'une quelconque maladie dégénérative. Dès lors, la bataille de spécialistes fut âpre car l'affaire risquait de faire basculer toutes les certitudes sur l'origine de l'homme. Plus proche de l'australopithèque que du genre Homo, avec son cerveau de la taille de celui d'un chimpanzé, des proportions corporelles non humaines et les os du poignet ayant des similitudes avec ceux des primates, ils n'auraient jamais dû exister et surtout pas à une époque où nous étions les rois de la planète, les uniques, les Sapiens-sapiens. Mais voilà, il était là et d'éminents paléoanthropologues allaient devoir revoir leur copie. Tout cela parce que des archéologues australiens et indonésiens l'avaient débusqué sur cette île de la Sonde. Plutôt que de chercher une aiguille dans une botte de foin, ils traquèrent le lieu de vie, l'abri sous-roche de Liang Bua, immense grotte où les gens viennent encore chercher la fraîcheur, un site magique qui devait convenir tout autant aux peuples qui vécurent là il y a des milliers d'années. Alors ils creusèrent, étayèrent des galeries à cinq mètres au-dessous du niveau du sol actuel. Ils cherchaient notre passé dans les couches géologiques… »

Sébastien siffla pour interrompre la lecture.

— OK, une pige pour un quotidien régional, un dossier sur l'évolution des hominidés parce qu'il y avait une exposition dans le coin. Jim fait dans la parution locale bien française, pas de quoi en faire tout un plat ! Moi-même…

Pauline s'énerva :

— Oui, toi, tu écris pour la revue ornithologique. Les bécasses, c'est ça ton truc, eh bien, pour Jim, peu importe que ces publications soient bien de chez nous ou américaines. Il a été reconnu, tout comme toi. Par moments, je me demande si tu ne sous-estimes pas un peu ton frère. Il avait bien raison de tout vouloir larguer pour partir vivre ses passions sur d'autres continents !

— C'est lui qui te l'a annoncé ?

— Exactement, dimanche à neuf heures précises. Je conduisais Ben à sa leçon de piano, lorsque nous l'avons croisé Porte Saint-Vincent. La mine défaite, il faisait peur à voir.

— Tu ne me l'avais pas dit.

— Je ne te raconte pas tout ! En plus, c'était si furtif. J'étais pressée, en retard, ce fut juste un petit bonjour sur le trottoir. Enfin, il a quand même demandé à Ben si ça lui plairait d'avoir un oncle qui côtoie des wallabys, un truc dans le genre.

— Et tu en as déduit qu'il allait s'éclipser à l'autre bout du monde ?

— Parfaitement, c'est ce qu'il a chuchoté à ton fils.

Ben se tenait dans l'encoignure de la porte, de la purée sur le bord de sa lèvre supérieure. Ses parents se chamaillaient, pas bon signe ! Sa langue fit un rapide ménage puis il avança avec aplomb.

— Oui, on va prendre l'avion pour l'Australie, pour aller voir là où vivent les wallabys en liberté. « En exclusivité ! », il a même dit, tonton !

Ben haussa les épaules et poussa un énorme soupir.

— Il me prend pour un gosse, mais je sais quand même bien qu'il y en a aussi en Tasmanie ! En plus, je veux pas qu'il se marie avec la moche, elle va sûrement venir avec nous et tout gâcher !

Les trois adultes fixaient l'enfant en se demandant s'il n'y avait pas un esprit de grande personne dans cette tête de petit garçon.

Ben s'essuya la bouche du revers de la main et vint se blottir tout contre sa mère. Il voulait tout entendre. Ferroni se racla la gorge.

— Mon hypothèse de la machination mise au point par monsieur X pour que Jim porte le chapeau, tombe à l'eau. Eh oui, Jim a été choisi ! Maintenant, j'en ai la certitude, parmi les autres sujets de conversation, j'ai aussi noté la paléontologie.

— Autre possibilité, madame Cornwell cherche un homme pour un soir, on lui propose différents profils et elle choisit celui de Jim parce que les marsupiaux la titillent et la Préhistoire l'excite…

Pauline fit les gros yeux à l'attention de son mari, ses paroles risquaient de heurter leur fils. Sébastien murmura :

— Demain matin, j'ai rendez-vous à huit heures trente, dans les bureaux de la Police Judiciaire.

Ben, terrifié à cette annonce, dévisagea son père. Le mot police l'effrayait. Ce terme symbolisait la panique à bord, le cri de sa mère dans la voiture : « Mets vite ta ceinture, sinon la police va nous arrêter. » Une fois, deux motards avaient contraint son père à stationner le long de la route de la presqu'île de Quiberon. Les deux ogres avec leurs bottes de sept lieues l'avaient soumis à un interrogatoire serré puis l'avaient laissé repartir. Demain, ce ne serait pas quatre-vingt-dix euros mais cent fois plus, l'amende pour son oncle devait se chiffrer en millions de millions !

— Papa, on est riches ?

Ben n'attendit pas la réponse, il se retourna vers son grand-père.

— Papi, toi, tu pourras payer pour délivrer Jim ?

Pauline caressa le front de son fils.

— Mon petit Ben, il n'est pas question de rançon. Ton oncle n'a pas été kidnappé.

Ben n'écoutait pas sa mère. Elle ne captait rien, même si parfois elle avait de bonnes idées. Là, par exemple, elle n'avait pas complètement tort.

— La dame s'amuse avec Jim.

— Elle t'a parlé de rançon ? questionna Ferroni.

Ben ne saisit pas bien où son grand-père voulait en venir. Il resta muet.

— Jim n'a plus donné signe de vie depuis trois jours parce qu'il a été enlevé. Ben, dis-nous tout, elle t'a dit quoi exactement, cette dame ?

— Combien ? hurla Sébastien. Pauline, on a combien en banque ? On peut emprunter, vendre la maison…

Ben se recroquevilla tout contre sa maman. Quelle rançon ? Lui, ne pensait qu'à l'amende de la police. Les motards allaient relâcher Jim. Tout devenait confus. Des larmes coulèrent sur ses joues. Il ne dirait plus un mot. Il voulait jouer avec ses dinosaures, tout oublier, écouter les mots doux de sa maman, s'endormir. Demain, il demanderait à sa mère d'acheter des glaces au chocolat avec des pépites de noisette.

Dix minutes que Ben pleurnichait sous sa couette, sa mère tentait de le rassurer avec "des mots de maman", ceux qui font tout oublier. Elle enfouit sa tête tout contre la joue de son fils, lui murmurant des paroles d'amour.

Ben suçait désespérément son pouce. Des mois qu'il ne le faisait plus et, là, son pouce retrouvait le chemin.

Pauline ne fit aucune réflexion, elle laissa le suceur s'en donner à cœur joie. L'heure n'était pas à la réprimande.

— Demain, on ira au supermarché ?

— Oui, Ben. Demain, nous irons acheter des glaces au chocolat.

Sa mère avait compris pour les glaces, sans qu'il ne le lui dise. Elle comprenait tout, elle était merveilleuse. Ben s'assoupit heureux.

Pauline écouta la respiration de son fils puis chercha la chaleur dans ses petits bras et pleura. Un bruit la fit sursauter. Sébastien se tenait derrière elle, il s'agenouilla près du lit de l'enfant et recouvrit de ses avant-bras les deux êtres qu'il chérissait le plus au monde.

— J'ai peur pour mon frère, susurra-t-il à l'oreille de sa femme.

Pauline, les yeux humides, lui murmura :

— Moi aussi, Séb… Mais on doit se battre pour lui. Ben a besoin de son oncle. Il n'y a que nous qui puissions le sortir de là.

Sébastien se releva, essuyant ses larmes d'un geste vif. Pauline se dressa à son tour et son corps se fondit dans celui de son mari. L'un avec l'autre, ils faisaient bloc pour affronter la pire des épreuves, l'angoisse de la mort.

XXX

MADAME BROWNSKY

20 heures 50.

— Un coup de feu, j'ai entendu un coup de feu, je vous dis… J'ai hésité avant de venir.

Madame Brownsky était plantée, mains sur les hanches, sur le palier de l'appartement de Luis et Arald. Luis passa la tête au-dessus de l'épaule d'Arald et postillonna.

— Pfeu… Le tintamarre à vingt heures, c'est la folle du quatrième qui a massacré son rat.

— Je monte, je veux en avoir le cœur net. J'ai déjà trop tardé.

Serrant la ceinture de son déshabillé "panthère", madame Brownsky se décida à gravir les marches, seule.

Peu rassurée, elle repoussa la porte de l'appartement de Jasmine restée entrouverte. Furetant de droite et de gauche, elle se retrouva très vite devant une scène de crime. Vison d'apocalypse ! En une fraction de seconde, sa main sur sa bouche, elle écrasa un cri. À ses pieds, Barbara, la petite voisine, ma foi bien grande, s'était vidée de son sang sur la moquette rose. Son corps obstruait l'accès à la pièce. À côté de la fenêtre, un homme menotté au radiateur, avec une muselière sur le visage, agitait ses pieds liés. Assise sur le lit, Jasmine Milan, vêtue d'une robe de mariée, se concentrait sur l'ouverture d'une boîte, brusquement un soutien-gorge pigeonnant en sortit. Se retournant vers madame Brownsky, elle lui demanda :

— N'est-il pas splendide ?

Madame Brownsky écarquilla les yeux, obnubilé par le revolver posé sur l'édredon.

— Magnifique, ainsi vous vous mariez ce soir ?

— Oui. Un coup de tête.

— Ne devrions-nous pas retirer les menottes de votre fiancé ?

— J'aimerais bien, mais il s'enfuirait et je veille sur lui. Des méchants veulent l'assassiner. En plus, il est recherché par toutes les polices de France. C'est Jim Flemming.

— Bien, bien. Je vais vous laisser seule avec lui et Barbara va me suivre. Vous serez bien mieux tous les deux en amoureux !

— Il est vrai que Barbara est un peu gênante. Elle gémit, pousse des petits râles pénibles…

Tremblotante, madame Brownsky agrippa Barbara sous les aisselles et se mit à faire glisser son corps dans le couloir. Essoufflée, elle referma la porte de la chambre et s'ensuivit un nouvel effort, la bloquer avec la desserte du corridor. Pesant merisier ! Elle sua à grande eau, son maquillage glissait telle de la boue pâteuse le long de son cou. Enfin, le chignon de madame Brownsky frôla la poitrine de Barbara. Elle respirait. La dame avait été infirmière dans une autre vie et se mit très vite à la tâche. Déboutonnant le chemisier de la blessée, elle constata les dégâts de visu. Si la balle n'avait fait qu'érafler le côté droit, causant une entaille superficielle, le temps était néanmoins compté, Barbara ne semblait pas revenir à la vie. Elle fit un bandage de fortune avec la ceinture de son déshabillé, tout en réfléchissant. Donner l'alerte, voilà ce qu'elle allait faire. Son regard passait de la plaie comprimée à son environnement. Nul téléphone en vue.

Une minute plus tard, elle tambourinait à la porte de Luis et Arald.

Luis lui ouvrit et l'écouta bouche bée.

— Vite ! Il faut téléphoner aux urgences, à la police…

— Calmez-vous, madame Brownsky !

— Non ! cria-t-elle, s'accrochant avec fermeté au polo canari de son interlocuteur. Elle a tiré sur Barbara… Elle est en robe de mariée… Elle va trucider le Cubain…

— Qui ?

— La timbrée du quatrième, la petite-nièce de madame Milan !

— Entrez, je vais vous servir un remontant.

— Non ! Les pompiers. Où est votre téléphone ?

Madame Brownsky repoussa violemment Luis pour se frayer un passage dans le living. Haletante, à bout de souffle, elle entra et s'effondra littéralement sur le sofa. Allongée, le chignon défait, le déshabillé ouvert, elle racontait, s'embrouillait, étouffait. Avec délicatesse, Luis recouvrit les jambes dodues de son invitée.

— Elle suffoque gravement, Arald. Qu'allons-nous faire ?

— De l'alcool de menthe sur un sucre.

Arald se précipita en direction de la cuisine. Luis tenait le combiné entre les mains, il hurla :

— Elle a bien parlé de Jim Flemming avant de s'évanouir ?

— Oui ! Et lâche ce damné téléphone, je reviens !

Quelques secondes plus tard, Arald posa un carré de sucre et l'alcool sur le plateau de verre de la table basse puis il prit tendrement la main de son compagnon.

— Ce monstre est recherché par la police et a tué notre petit Peter. Imagine, c'est un concours de circonstances incroyable ! Il est là-haut, enchaîné. Donc, tu ne téléphoneras pas aux autorités. Nous allons monter, apaiser notre gaga du quatrième et en toucher deux mots au prisonnier, ce briseur de cœur !

Arald sortit un mouchoir de sa poche et essuya une larme.

Luis haussa les épaules.

— Tu fais des manières, j'ai horreur que tu sois comme cela. Pleurs de crocodile !

Le couple se tenait prêt à se lancer dans leur dispute favorite, celle du "Tu fais du cinéma", lorsque madame Brownsky se mit à râler.

Son évanouissement n'avait été que de courte durée.

Luis susurra :

— OK, mon cher Arald. On ne prévient pas la cavalerie tout de suite. Pour la grande sauterelle, notre évanouie a annoncé qu'elle n'était pas réellement en danger.

Madame Brownsky sursauta, les visages des deux hommes se tenaient à quelques centimètres du sien. En chœur, ils s'exclamèrent :

— Nous avons décidé d'attendre pour sonner le clairon !

Nauséeuse, l'invitée-surprise soupira bruyamment :

— Pourquoi ?

— Parce que vous êtes tombée sur Jim Flemming et nous n'allons pas le laisser partir comme cela, dit Arald.

— De plus, renchérit Luis, c'est un assassin, alors la petite grosse qui l'a menotté, a bien agi. D'ailleurs, nous ne savons pas exactement ce que lui a fait cet homme. Il l'a peut-être violée et maintenant elle se venge comme elle peut. Si nous alertons la police, la rondelette va finir incarcérée. Je suis persuadé qu'elle regrette déjà son geste. Sa voisine ne voudrait pas voir sa meilleure amie croupir dans une geôle pour une simple égratignure.

— Vous êtes devenus fous ! murmura madame Brownsky.

Arad s'insurgea :

— Non, nous allons monter et vous allez rester tranquillement ici en nous attendant. Songez, nous avons un nouveau jouet... Nous et vous, si vous voulez en disposer...

Madame Brownsky se perdait dans une tourmente intellectuelle. Que voulait-il dire par là ? Elle allait pouvoir disposer de ce faux Cubain comme bon lui semblait, c'était monstrueux ! Arald s'engouffra dans la salle de bain à la recherche de sa mallette "Premiers secours et plus". Dans sa valisette magique, il avait rangé, en complément de produits anodins comme bandes et mercurochrome, des seringues et calmants à injecter en intraveineuse.

XXXI

OPÉRATION COMMANDO

21 heures 12.

Jasmine se tenait à bonne distance de Jim, elle jouait avec les frous-frous de sa robe et tournait sur elle-même, tel un derviche tourneur. Elle s'arrêta net et vacilla sur place. Reprenant ses esprits, elle s'exclama :

— Maintenant que nous sommes enfin seuls, les alliances ! Tu sais, Jim, cela m'a fortement perturbée… Ne me regarde pas comme cela avec ta mine de chien battu. Tu sais fort bien à quoi je fais allusion… Eh oui, ton doigt en moins !

En un éclair, Jim vit Baruch devant lui, son mentor, l'anthropologue de l'université de Tel-Aviv. Son énorme moustache qui se met à faire des vagues, son visage qui se crispe et son cri d'effroi. Jim n'avait rien vu venir, juste entendu le hurlement. Depuis dix-neuf ans et trois jours, il sentait toujours le fourmillement de ce doigt qui n'était plus là. S'il s'en sortait aujourd'hui, il se jura de retourner sur le site de Tabun en Israël. L'éboulement de la roche ne l'avait pas tué, juste brisé à jamais, écrasant sa main qui avait pu néanmoins être sauvée, sectionnant son index.

— Mon chéri, tu ne m'as pas dit comment tu t'étais fait cela ? Tu me raconteras tout, après la cérémonie. Pas de cachotteries entre nous !

Jasmine ouvrit le tiroir de sa table de nuit pour en sortir deux alliances. Lorsqu'elle appuya sur le bouton “on” de son tourne-disques, le cœur de Jim s'emballa.

— Surprise, TA TA TA TA… TA TA TA TA.

La Marche Nuptiale prenait des airs de requiem. Elle avançait solennellement en direction de sa commode, autel virtuel où fumaient deux candélabres. Puis se précipitant sur l'appareil, elle coupa le son.

— Non, non et non ! Où ai-je la tête ? Nos témoins ne sont pas encore là !

Elle se plia en quatre pour extirper de dessous son lit, deux immenses posters qu'elle déroula fébrilement. Tom Cruise et Tom Cruise, tous deux en pied et sur papier glacé, furent punaisés sur le mur capitonné.

— Je sais, tu déplores mon choix… mais tu n'es pas très bavard, alors je choisis pour toi.

Jim avait la tête qui partait en pirouette et l'eut encore plus lorsqu'un bruit derrière la porte se fit vraiment entendre. « Elle revient », pensa Jim, « cette incroyable femme en déshabillé panthère a enfin alerté la police, bénie soit-elle ! »

Jasmine réenclencha la musique et reprit son film, après cet arrêt sur image.

De l'autre côté de la cloison, Luis poussait sur la desserte et Arald préparait sa seringue.

— Où tu vas la piquer ? questionna Luis.

— Où je pourrais, dans le gras.

— Quel gras, dans le cuisseau ?

— Je ne sais pas, elle est grasse de partout. Ne t'en fais pas, j'ai travaillé trois ans comme infirmier psychiatrique.

Luis haussa les épaules.

— Je le sais fort bien, mais c'était il y a trente ans !

— Arrête de stresser, elle ne sentira rien. Elle va s'écrouler et nous serons tranquilles pour quelques heures.

— Et Jim Flemming ?

Six minutes plus tard, le commando s'était rendu maître des lieux.

Jasmine s'était effondrée sur le lit, Jim était encore sous le choc de l'assaut salutaire et deux hommes, d'un âge certain, se dressaient devant lui. Ils n'agissaient plus, ils le fixaient. Jim se mit à parler avec le regard, à secouer le radiateur, à se démener pour leur faire comprendre ce qui crevait les yeux. Rien, ces deux individus restaient pétrifiés et sourds aux appels désespérés de Jim. Il se calma. Il attendit la sentence des deux juges qui se prirent amoureusement la main. Leurs doigts entrelacés formaient un nœud solidaire. Jim y vit la corde que l'on présente en vue d'une pendaison.

— Ainsi, c'est vous Jim Flemming ? demanda enfin Arald.

Ils connaissaient son nom et posaient une question qui n'attendait pas de réponse.

— Peter avait vu juste, c'est un bel hétéro, reprit Luis.

Jim sut alors que la folie n'avait pas pris fin avec la mise KO de Jasmine Milan. Dans l'asile de fous où il perdait pied de seconde en seconde, le seul qui avait toute sa raison, c'était lui.

Il se mit à hurler mentalement : « Je suis sain d'esprit. Avez-vous sauvé la jeune femme qui s'appelle Barbara ? »

Luis et Arald tournèrent les talons et partir dans un conciliabule inaudible pour Jim. Ils statuaient sur son sort. Vie ou mort, qu'allaient-ils choisir ? La piqûre pour laquelle ils optèrent, lui accordait le sursis.

En réintégrant leur domicile, Arald et Luis se congratulaient, relatant leur façon héroïque d'avoir réglé les embarras.

— Nous avons été rapides comme l'éclair ! clama Arald à madame Brownsky.

— Est-ce qu'elle va bien ? susurra l'étendue.

Luis sourit à Arald. Le pincement de lèvres sous-entendait : « Elle est complètement ivre, elle a vidé notre petite bouteille d'alcool de menthe. »

Entre eux, les mots s'avéraient inutiles, la complicité dans leur couple se mesurait aux non-dits bien compris.

Arald se posa avec précaution sur le rebord du sofa où avait pris place leur hôte.

— Si vous voulez parler de Barbara, elle va bien, je ne dirais pas qu'elle est au mieux de sa forme mais elle se repose dans notre chambre, je lui ai administré un petit sédatif et refait son bandage. J'ai aussi mis à tremper votre ceinture tachée de sang.

— Et la mariée ?

— Nous avons eu un mal de chien à la descendre à la cave. Cette jeune femme pèse une tonne, un poids mort.

Madame Brownsky eut un effroyable doute. Son chignon se mit à frémir.

— Luis a pensé que dans votre cave qui est beaucoup moins encombrée que la nôtre… Enfin, elle dort bien au frais.

— Et… Jim Flemming ?

— La cerise sur le gâteau. Beau comme un dieu. Nous l'avons laissé dans l'appartement de Barbara, sur le même palier que celui de mademoiselle Milan. Trop lourd !

— Vous l'avez trucidé ? hurla madame Brownsky.

L'énervement lui faisait oublier les vapeurs d'alcool. Elle se sentait de plus en plus lucide et s'assit tout de go.

Arald lui tapota sur l'épaule, pour la rassurer.

— Il va bien et nous devons tous les trois réfléchir à ce que nous allons faire de lui. En fait, nous avons déjà pris une décision mais nous avons grande nécessité de votre collaboration…

— Vous entendez quoi par collaboration ?

— Imaginez…

XXXII

SCÈNE DE CRIME

22 heures 15.

Sous un porche, face à l'immeuble, monsieur X chuchotait, oreille collée à son portable.

— La carte bancaire a été utilisée par une certaine Jasmine Milan pour régler l'achat d'une robe de mariée. Je suis devant chez elle.

— Nous le tenons.

Monsieur X coupa. Pressé, il entra dans la résidence et chercha fébrile sur les boîtes à lettres, le nom de Milan. Rapide, il gravit les marches quatre à quatre, il allait retrouver Jim Flemming et vite, il le devait !

Restée entrouverte, la porte d'entrée du domicile de Jasmine Milan, le figea. Il donna un léger coup de pied dans le bois. Tout en s'introduisant, il ressassait la même pensée, Flemming savait mais n'avait peut-être pas encore pris conscience de ce dont il était réellement au courant. Monsieur X flaira l'atmosphère des lieux et mû par son instinct de prédateur, progressa à pas de loup. Il vit le sang sur le canapé, les traînées rouges sur le sol. Le chemin carmin du chasseur se poursuivait jusqu'à la chambre.

Sa main gantée effleura sa poitrine, sentir son arme

le rassura. « Scène de crime », songea le tueur. « Pourquoi ici ? »

De sa poche intérieure, il retira une éprouvette puis un coton-tige. Il racla le sang sur la moquette puis se gratta le nez.

Gueule de truand à quarante-trois ans. Peau trouée, littéralement et gravement. Plus jeune, il affichait une face d'angelot, détestablement lisse. À treize ans, il avait eu cette maladie, bénédiction donnant un sens à son existence.

Là, devant ce sang, il se souvint de son premier meurtre. Avec sa tête de l'emploi, fraîchement marquée, sa voie se trouvait toute tracée. Trente ans déjà qu'il avait recouvert ses pieds de deux sacs en plastique fixés à ses chevilles et enfilé les gants de caoutchouc jaunes de sa maman. Souvenir savoureux de ses débuts : poignarder la voisine aux bigoudis parce que son caniche aboie, demeurait un forfait excellent puisque sans nul mobile plausible. Saleté de bestiole, elle reposait en paix tout comme sa maîtresse dans un obscur cimetière de Manchester…

Monsieur X revivait son passé grisant, délectable sensation. Le psychopathe d'hier était devenu un parfait gentleman avec un métier en or, tueur.

Jubilant, il entama une fouille méticuleuse des lieux.

XXXIII

JASMINE VUE PAR SA MEILLEURE AMIE

22 heures 45.

Le peintre avait les honneurs de la cimaise. Barbara ouvrit les yeux et vit les coquelicots, petites touches rouges en plein champ. Bleuets, jonquilles, colchiques piquaient son œil. Des pointes de gaieté illuminaient les toiles d'un artiste inconnu.

Étendue sur l'immense lit, nauséeuse, Barbara ressentit une douleur lancinante. Elle toucha le bandage et revécut sa mort, effroyable instant. Toujours vivante et, néanmoins, elle venait de vivre le pire des cauchemars. Faible et épuisée, elle n'en était pas moins lucide. Son amie lui avait tiré dessus. En fermant les yeux, elle se demanda alors qui était réellement Jasmine Milan.

Celle qu'elle côtoyait depuis six mois se découvrait tout autre, magmatique et diabolique.

Sournois volcan que l'on imagine éteint à jamais, qui couve sous le feu de l'amour, retient sa lave de baisers et, soudainement, entre en éruption pour tout ravager sur son passage.

Son amie portait en elle ce bouillonnement incandescent, subtil mélange d'acquis et d'inné. La température devait croître depuis sa plus tendre enfance. Sa famille, sa mère, son confesseur, tous ceux qui l'aimaient, avaient par petits coups fait monter d'un degré à chaque anniversaire, cette folie refoulée dont les signes avant-coureurs s'étaient manifestés de longue date, comme dans cet amour impossible pour Tom Cruise. Sourde aux appels désespérés, Barbara n'avait pas perçu les grondements de la terre de Jasmine, probablement parce qu'elle se révélait être une malade différente, mentalement dérangée mais parfaitement saine d'esprit, une inoffensive boulotte aux yeux de grenouille. Nul psychiatre ne s'était penché sur son cas, aucune camisole chimique ne lui avait été prescrite. Comment imaginer qu'une telle sainte puisse un jour basculer dans la démence ? Une personne si normale, d'une extrême normalité au point que l'on avait omis de s'intéresser à elle, une anonyme à laquelle il avait suffi d'une pichenette, de l'intrusion d'un Jim pour chavirer. Jasmine était de cet état psychique-là ! Barbara le sentait dans sa plaie. Pas schizophrène, Barbara n'y voyait pas un dédoublement de personnalité. Elle était elle, la dissimulée. Son amie voulait tant croire au bonheur qu'elle s'était arrachée au réel ! La mise en scène de cette liesse passait par un décor, imposé par sa rigueur puritaine, l'immaculé d'une robe de mariée, le symbolisme des deux alliances, la virginité du bouquet de lys, l'amour platonique voué à un prince charmant. À quoi bon juger, Barbara prenait acte des faits et de leur monstruosité. Si Jasmine n'avait pas voulu lui faire du mal, elle venait néanmoins de la blesser, voire de la laisser pour morte sur la moquette. Jasmine retenait un homme chez elle et en avait fait son jouet. À vingt-neuf ans, les bulles de son aliénation venaient bel et bien de soulever le couvercle. Pourrait-il se refermer un jour ? Jasmine pouvait-elle encore être ramenée à la raison ?

Barbara cligna à nouveau des paupières et ne sut pas où elle était. Les lieux lui étaient inconnus. La vision de cet homme muselé lui apparut au milieu des fleurs, la terrassant, insoutenable.

Madame Brownsky entra, tête basse. Silencieusement, elle vint s'asseoir sur le bord du lit. Son haleine sentait l'alcool.

— C'est moi qui vous ai fait ce bandage de fortune… Tenez bon, un médecin de toute confiance sera bientôt là.

— Où suis-je ?

— Chez Arald et Luis, au second. Dans une galerie fleurie, Arald expose Luis, son artiste préféré, en plein cœur de leur nid douillet, dans l'intimité de leur chambre.

— Madame, comment va l'homme à la muselière ?

— Bien, ne vous tracassez pas pour lui. En attendant l'arrivée du docteur, puis-je vous poser une question ?

— Oui.

— Comment connaissiez-vous Jasmine Milan ?

Parler de soi, n'était pas chose facile pour Barbara. Les confidences, elle détestait. S'étendre sur la complexité du cas de Jasmine signifiait devoir aborder son propre cas.

— Barbara…

Madame Brownsky replaça l'oreiller derrière la tête de la jeune femme.

— Oui, madame Brownsky, j'ai bien entendu votre question. La première fois que j'ai croisé Jasmine, c'était le 20 décembre de l'an dernier. Je venais de signer pour entrer chez Échec et Mat, l'entreprise où nous travaillons actuellement toutes les deux. Elle était si différente des autres, une sorte d'ovni dans le ciel de cette société. Une étoile filante qui m'a souri, m'a offert une boisson chocolatée, m'a chuchoté un timide « Bienvenue ». Au premier regard, la petite boule a su que la grande girafe qui se dressait devant elle, était dans son camp. Nous sommes deux écorchées vives.

— Mal dans votre peau ?

— C'est une façon de voir les choses. Nous nous ressemblons, enfin, je l'ai cru durant pratiquement six mois… Elle a une sensibilité à fleur de peau et une carapace de tortue qui masque son cœur à vif, tout comme moi. Je cherchais un logement, elle m'a évoquée une possibilité de location dans son immeuble. En un mois, je suis devenue une collègue de travail, une voisine et une amie. Nous n'évoquions jamais nos passés respectifs, nous vivions le moment présent. Des lectures communes, des sorties au cinéma et au musée, rien de vraiment passionnant. Et la cuisine, Jasmine adore préparer des plats du terroir et j'aime manger. Je lui ai fait découvrir le poisson. Elle vit si près de la mer mais ne différenciait pas la sole de la limande avant de me rencontrer. En fait, la solitude nous a rapprochées.

— Moi aussi, j'ai une amie qui m'est chère, nous partageons nos botox parties, des petites cures de rajeunissement que nous prodigue mon cher docteur Miracle. D'ailleurs, c'est lui que j'ai appelé et, compte tenu des sommes rondelettes que je lui laisse, il n'a pas sourcillé. Il va venir jeter un petit coup d'œil sur votre plaie. Revenons à Jasmine, que diriez-vous de son cas… clinique ?

— Elle est dans une telle souffrance que j'ai du mal à porter un jugement. De plus à chaud, sous le coup de la colère après ce qu'elle vient de me faire, je préférerais ne pas me prononcer. D'ailleurs, qu'a-t-elle réellement enduré avec ce Jim ?

— Ce n'est pas une sainte et ne lui cherchez pas d'excuse. Elle vous a tout de même tiré dessus et, si je n'étais pas intervenue, vous seriez encore en train de vous vider de votre sang chez votre prétendue amie.

— Touché ! Ses agissements sont là. Probablement qu'elle va être rapidement enfermée, sa maladie requiert des soins. Toutefois, privez l'oiseau de sa liberté… il peut se suicider en se jetant délibérément de la tour, ne pas battre des ailes, s'écraser sur le sol…

— Que diable, cette Jasmine n'est pas un moineau ! Et puis, elle est retenue dans ma cave et dort à poings fermés. Enfin… je vais aller voir si elle ne tenterait pas de se trancher les veines à son réveil… avec une de mes limes à ongles.

— Dans votre cave ! Et ce Jim, où est-il ?

Madame Brownsky balbutia :

— Le pauvre homme est toujours ligoté, mais dans votre appartement.

Barbara écarquilla les yeux.

— Eh oui, l'aventure continue ! Nos deux tourtereaux, Luis et Arald, ont pris les choses en main et d'une drôle de façon. Nous sommes toutes les deux embarquées sur un navire commandé par deux homosexuels qui se chamaillent sur le cap à suivre. Moi-même, je n'ai pas contacté la police. Je suis aujourd'hui complice d'une séquestration. L'attitude à adopter ne m'apparaît pas si simple. De votre côté, vous me semblez attachée à Jasmine et, étonnamment, prête à la soutenir, Barbara… qu'allons nous devenir ?

— Réfléchir vite, agir pour que tout rentre dans l'ordre.

— Nous ne recollerons pas les morceaux, il y a des cassures qui ne se colmatent jamais.

— Alors, un nouvel ordre.

— Nous avons les vies de deux êtres entre nos mains, celles de Jasmine et Jim.

— Sont-ils tous les deux coupables ?

Madame Brownsky se leva d'un bond. Tout excitée, elle s'emballa :

— Voilà une excellente interrogation ! Nous allons devoir les juger. Notre tribunal populaire sera composé de jurés et juges. Vous serez l'avocate de Jasmine, je serai celle de Jim. Oui, je lui trouve un côté fort touchant. Cet homme a des yeux d'un bleu renversant… mais ma plaidoirie fera fi de cela. Arald et Luis croient qu'il a assassiné un dénommé Peter, leur ami. En réalité, ce dernier se serait suicidé par amour pour lui… un truc dans le genre. Si cela ne tient pas la route, par contre, le meurtre d'Hélène Cornwell reste plus énigmatique. Les éléments fournis par la presse font pencher pour sa culpabilité. Toutefois, en tant qu'avocate, je ne m'en tiendrai pas là. J'attendrai d'entendre sa version.

— Quel meurtre ? Qui est cette Cornwell ? Vous perdez la tête à votre tour !

— Absolument pas. Il nous faut des jurés.

Barbara tenta de s'extirper du lit.

— Vous restez bien tranquille ici, je me charge de tout. C'est vous qui avez dit : « Sont-ils coupables ? »

— Oui mais je n'ai jamais avancé que nous avions à les juger !

Des petits coups frappés à la porte d'entrée, firent se taire les deux femmes. Le docteur Miracle entra, sa valisette à la main.

XXXIV

RESSEMBLANCE

22 heures 55.

Jim se réveilla en sursaut. « Ces deux hommes connaissaient Peter. Comme Peter m'a tendu un piège, ces individus sont au courant de tout… »

Son calvaire n'avait pas pris fin, seuls, quelques éléments venaient de changer de main, une chambre plus petite et de nouveaux kidnappeurs. S'il ne portait plus de muselière, un sparadrap lui tiraillait toujours les lèvres. Il était ligoté et menotté sur un lit féminin qui sentait la lavande. D'un basculement de son corps, il se retrouva du matelas sur le parquet de chêne. Se traînant telle une limace, il s'adossa à la porte et réussit tant bien que mal à se mettre debout. Ses doigts se pressèrent sur la poignée qui résista. Il était à nouveau prisonnier. Sautant à pieds joints, Jim trébucha sur une pile de livres, la pièce était plongée dans la pénombre et son repérage du site bien difficile. Il atteignit enfin la fenêtre, aperçut la petite cour déserte et la reconnut. Maudit immeuble, il était toujours dans les murs de l'enfer !

Un rayon de lune lui renvoya son image dans la vitre. Derrière lui, Hélène Cornwell se tenait bien droite. Il aurait hurlé s'il avait pu. Vision morbide ! Plissant les yeux, il revécut la scène du restaurant. Hélène Cornwell passait son index sur ses lèvres et lui demandait :

— Avez-vous un frère ?

— Oui.

— Il vous ressemble ?

— Pas physiquement.

— Resservez-moi un peu de cet excellent champagne, voulez-vous ?

Jim s'écroula sur le sol. Que voulait dire cette conversation surprenante ? Pourquoi lui avait-elle dit en guise d'adieu : « J'ai grand besoin de vous, Jim Flemming. »

Ce détail anodin de la fratrie prit tout à coup l'effet d'une bombe. Il ne l'avait pas confié à Ferroni et ne lui en parlerait vraisemblablement jamais. Personne n'allait venir le tirer d'affaire. Il ne devait plus compter que sur lui-même.

XXXV

LA CAVE

23 heures 04.

La cave sentait le patchouli, les voyages et l'institut de beauté. À tâtons dans l'obscurité, Jasmine reprenait ses esprits. La bouche encore pâteuse, elle laissa ses doigts courir sur les cartons. Son flair la guida au milieu des senteurs des flacons. Elle sortit le premier que sa main caressa. Le jet de l'atomiseur emplit l'espace de fragrances capiteuses. Madame Brownsky, c'était sa cave !

Jasmine trouva enfin l'interrupteur et la lumière fut.

Son cri strident rebondit sur les parpaings. Se découvrir affublée d'un costume aussi grotesque la fit s'agiter et couiner de plus belle. Fébrilement, elle fripa la soie, les volants. Ridicule !

Soudain, l'apparition de madame Brownsky dans l'encoignure la fit reculer, se plaquer bras en croix au fond du réduit. La tigresse brandissait un rouleau à pâtisserie, prête à s'en servir pour frapper.

— Jasmine, ce n'est que moi… N'ayez crainte… Restez cependant… à distance.

— Qu'est-ce que je fais ici et pourquoi m'avez-vous revêtue de cette incroyable robe de mariée ?

— Non… Ne me dites pas que vous avez perdu la mémoire ! Auriez-vous oublié que vous avez failli tuer Barbara.

— Tuer Barbara ! Non, vous avez bien dit "failli" ?

— Barbara a survécu et elle va avoir un mal de chien à assurer votre défense. C'est votre avocate. Je serai celle de Jim Flemming. Arald et Luis sont tout à fait disposés à ce que nous démarrions le procès d'ici une petite heure. Allez, du cran, ma petite, vous étiez folle, vous plaidez l'amnésie, vous ne manquez pas de culot !

Éberluée, Jasmine détaillait madame Brownsky et son déshabillé panthère ceinturé par une cravate rose. Cette femme avait complètement disjoncté ! Son immeuble basculait dans la folie.

Jasmine ne pensa plus qu'à une chose, fuir ce sous-sol au plus vite, se réfugier au confessionnal, se faire absoudre.

Légère génuflexion et Jasmine affirma :

— Eh bien, puisqu'il y a procès, sortons pour nous y rendre…

— Tout doux, mademoiselle Milan ! Vous me semblez bien sûre de vous. La muselière sur la mâchoire de votre fiancé mérite explication !

Les jambes de Jasmine ne la portèrent plus. Elle s'effondra sur une pile de cartons, ce qui énerva vertement la propriétaire du local.

— Faites attention, vous écrasez mes albums photos !

Jasmine se déplaça pour se retrouver à même le ciment.

Madame Brownsky lâcha son cylindre de bois et s'agenouilla pour ouvrir la boîte malmenée. Sortant un album, elle appuya fermement sur la couverture pour l'aplatir.

— Mon séjour de cet hiver en Australie, il est tout tordu ! Voyez, la baie de Sydney a gondolé !

— Avec l'humidité de votre cave…

— Non, avec vos fesses ! Excusez-moi, je ne veux pas insinuer que vous avez quelques kilos en trop…

— Vous n'en suggérez pas moins que je suis trop grosse !

Jasmine aspira une grande bouffée d'air. Cette conversation était si décalée. Elle fixa l'album photos resté ouvert et explosa :

— Là ! Donnez-le-moi ! C'est elle !

Jasmine sortit nerveusement une photographie du plastique et pointa du doigt une femme.

— C'est… Hélène Cornwell !

— Pas possible, montrez-moi !

— Ici !

Sur le cliché, madame Brownsky, au premier plan, souriait fièrement, la main posée sur un guéridon dans le hall d'un hôtel international. Au second plan, Hélène Cornwell s'entretenait avec un chasseur.

— Vous êtes sûre que c'est elle ?

— Certaine, j'ai passé sa vie au crible et lu des tas de magazines sur elle. Vous connaissez la femme que Jim Flemming a assassinée !

— Incroyable ! Enfin, la mémoire vous revient. Tout de même, c'est une coïncidence plus qu'étrange ! Je me souviens maintenant. Une Anglaise d'une rare élégance, là pour affaires… Non, elle a indiqué à madame Polard que c'était pour une adoption. Oui, j'étais avec madame Polard qui réside au troisième. D'ailleurs, nous nous étions fait la remarque qu'à un certain âge, se replonger dans les couches-culottes, c'est notoirement indécent.

— Où est Jim Flemming ?

— Dans la chambre de Barbara.

Une pointe acérée transperça le cœur de Jasmine. Jim était avec Barbara.

La mariée se ratatina dans un coin, en pleurs.

Madame Brownsky en profita pour quitter la cave, prenant soin de cadenasser derrière elle.

XXXVI

LE PROCÈS

23 heures 20.

Juchés sur deux tabourets rapprochés, les juges présidaient face à Jim, ligoté sur une chaise dans le living de Barbara.

— Accusé, levez-vous ! lança d'un ton péremptoire Arald.

Luis pouffa de rire et donna un discret coup de coude à l'amour de sa vie.

— Il est entravé, où as-tu la tête ? En plus, une bande adhésive lui cloue le bec.

— Bon, alors je propose à son avocate de porter la parole de son client.

Madame Brownsky, essoufflée par sa course entre la cave, son dressing et ce dernier étage, se tapota les joues. En urgence, elle avait enfilé une tenue de circonstance, un chemisier noir vaporeux, elle comptait faire des effets de manche. Même s'il était un peu transparent, la suggestion de son corps n'allait pas troubler les juges. Par contre, son client ressentirait certainement un émoi. Port de reine, allant et venant entre les meubles, elle s'exprima enfin :

— Voilà, je propose que le procès ne débute que demain soir. J'ai fort besoin de m'entretenir seule avec Jim Flemming pour parfaire son dossier. Messieurs, je ne puis le défendre en l'état actuel des choses, n'ayant pas tous les éléments en main. Une seule question, toutefois, de quoi l'accuse-t-on ?

— Du meurtre de Peter Voland.

— Et de celui d'Hélène Cornwell, renchérit Luis.

— Double homicide, la tâche sera ardue, mais j'apprécie les défis. En ce qui concerne l'affaire Peter Voland, je vous demanderai de faire abstraction du fait que vous le fréquentiez… Soyez justes, impartiaux, comme l'exigent vos nouvelles fonctions.

— Madame, je ne dis pas que nous n'avons pas un a priori positif, mais nous sommes prêts à écouter et à juger en toute impartialité. Demain, 12 juin à 20 heures 30 précises, s'ouvriront les procès de Jasmine Milan et de Jim Flemming…

Arald n'eut pas le temps de poursuivre, Luis lui coupa la parole :

— Sachez que, pour l'affaire Milan, l'avocate Barbara a quémandé, elle aussi, un report. Bien que le chirurgien esthétique qui l'ausculte en ce moment la trouve dans une forme éblouissante… Ses réticences sur le jugement, alors que je venais discrètement m'enquérir de son état, ne me rassurent guère.

Arald interrompit à son tour Luis :

— Dans notre clémence, nous lui accordons une nuit de repos et quelques heures pour, tout comme vous, madame Brownsky, parfaire son argumentation en s'entretenant avec sa cliente. Kidnapping, tentative de meurtre sur la personne de son amie et nouvellement avocate, bobine tordue…

— Et fil à retordre ! déclama Luis.

Jim Flemming, planté au milieu du salon, s'agita. Si ses bras n'avaient été maintenus par un lien dans son dos, ils en seraient tombés, tant la mise en scène lui paraissait surréaliste.

La femme au déshabillé panthère avait troqué ses dessous pour des dessus tout aussi surprenants. En habit de soirée, elle portait mille diamants à chacun de ses doigts. Ses juges avaient revêtu, sur leur costume impeccablement taillé, un imperméable gris. Où se trouvaient Jasmine Milan et la dénommée Barbara ?

XXXVII

LE TUEUR

23 heures 30.

Pensif, monsieur X méditait dans sa voiture de sport stationnée devant l'immeuble. Sa fouille méthodique de l'appartement de mademoiselle Milan avait porté ses fruits. Les preuves du passage dans les lieux de Flemming, la lettre affranchie de Londres et la carte bancaire enflammaient ses gants en chevreau. Il allait en référer à son commanditaire puis poursuivre sa traque.

Toutefois, le mystère s'épaississait et se teintait d'un rouge perturbant.

Le sang sur la moquette était-il celui de Jim Flemming ou de Jasmine Milan ?

Si les analyses trancheraient là dessus, la balle logée dans le bois du chambranle de la porte restait une énigme. Il n'avait retrouvé aucune arme sur les lieux. Brusquement, il se cabra, songeant au coup de feu. Le tir avait dû alerter les voisins…

Excité, trois minutes plus tard, il se posta dans la courette de la résidence. Il leva les yeux et vit de la lumière dans le logement voisin de celui de Jasmine Milan. Reculant de deux pas pour mieux distinguer, son pied heurta le banc.

Il repensa instantanément à Hélène Cornwell, lorsqu'elle lui avait lancé :

— Néan ne supporte pas les chaussures. Son pied est si large que j'ai dû lui faire confectionner des tennis sur mesure. Pourtant, rien n'y fait, il ne veut pas les mettre.

Le gant de monsieur X effleura le rosier grimpant, pire qu'une épine, cette Cornwell ! Oui, elle avait renchéri :

— Ses petites mains sont si puissantes ! Imaginez qu'il actionne son pouce avec une habileté extrême, une telle extension qu'il attrape des objets volumineux et les broie de sa poigne. Fascinant !

« C'est un singe, votre enfant », voilà ce que monsieur X avait pensé sans le dire.

Empêtré dans les épineux, il se maudit. « Je remonte ».

À peine deux minutes et il frappait à la porte de l'appartement de Barbara.

À l'intérieur, le coup tétanisa les quatre occupants. Luis frémit.

— On toque à l'entrée ! Arald, vas-y, toi… Moi, j'éteins les lumières.

Luis se jeta sur l'interrupteur, se précipita sur la lampe basse et finit par se dissimuler derrière le chemisier vaporeux de madame Brownsky.

Arald, au garde-à-vous, marcha tout en se déhanchant à outrance, ombre dans la pénombre. Entrebâillement, chaînette accrochée, son menton pointé, il flaira l'intrus.

— Oui… Bonsoir…

Costaud qui craquait les coutures de son costume sombre, le gaillard qui lui faisait face, coinça la pointe de sa chaussure italienne dans l'encoignure.

— Je cherche Jasmine Milan.

— Pas ici.

— Excusez-moi d'insister. Je travaille pour une entreprise de sécurité. Ma société a reçu un appel d'une des résidantes, paniquée parce qu'ayant entendu un coup de feu. Vraisemblablement une effraction dans le logement contigu au vôtre.

— J'ai le sommeil lourd. D'ailleurs, qui vous a contacté ? Madame Brownsky ou madame Polard ?

— Brownsky, c'est cela.

Des gloussements de terreur emplirent l'espace du salon. Luis pinça le bras de madame Brownsky, ses doigts s'entortillèrent dans le soyeux du tissu.

Monsieur X enfonça complètement son pied vers l'intérieur de la pièce, tentant une incursion.

— Alors, pourriez-vous me dire où se trouve votre voisine ?

— Aucune idée.

Arald claqua la porte, laissant hurler le gêneur à l'orteil martyrisé.

Silence et chuchotements.

— Patibulaire, tête de criminel, non de nettoyeur, genre ménage à l'acide.

Luis renchérit sur le ton de la confidence :

— Le corps plongé dans la baignoire, aspergé, brûlé vif…

— Du calme, Messieurs, disons, un gros menteur. Annoncer que j'avais contacté une quelconque entreprise de sécurité. Quel culot !

Madame Brownsky sortit son fume-cigarette. Point incandescent dans les ténèbres, elle se mit à réfléchir.

— Ne devrions-nous pas nous carapater dans un autre lieu ?

— Effectivement, le procès ne pourra se tenir ici. Madame Polard vous a-t-elle laissé ses clefs, celles de sa villa de la côte ?

— Tout à fait. J'en dispose à ma convenance.

— Arald, tu es un génie ! balbutia Luis tout en venant se coller à la cuisse de l'intelligence. Lumière dans la nuit, son aimé avait toujours réponse à tout.

Arald s'adressa à la cigarette :

— Procédons par ordre. Nous allons devoir nous extirper en douceur de la résidence et nous rendre à trente kilomètres de Vannes.

— En convoi jusqu'à Saint-Pierre-Quiberon ?

— Plutôt en serrant les rangs. Nous sommes six. Trois meneurs, moi, Luis et vous-même, madame Brownsky. Trois boulets à traîner, une avocate en la qualité de Barbara alitée au second, et nos accusés, monsieur Flemming, ici présent, et Jasmine. Je conduirai ma Chevrolet. Jasmine, se tenant actuellement à la cave, elle se trouve déjà au sous-sol, à proximité du garage. Nous la récupérerons au passage.

Madame Brownsky grimaça.

— Je pense que, si nous voulons agir en catimini, je dois convaincre au plus vite Jasmine du bien-fondé de ce déplacement. Je retourne à ses côtés, en rasant les murs.

Jim, bâillonné, gigota en tous sens. Muet, il n'était pas sourd.

Arald se tourna vers lui.

— Monsieur Flemming, gardez votre agitation pour d'autres circonstances. Si vous aviez vu les yeux du dément au nez tout vérolé qui cherche mademoiselle Milan, vous ne feriez pas le malin de la sorte. L'option du repli devrait vous séduire. Des griffes, mon cher Monsieur… le fouineur m'a tout l'air d'être un prédateur et vous le gibier !

Nez vérolé ! Jim eut un mouvement de recul qui fit basculer la chaise dans un fracas assourdissant. Il venait de comprendre que ce chasseur n'était autre que celui qui arborait fièrement le parapluie de Peter.

XXXVIII

RONDEURS

23 heures 50.

Dans la cave, Jasmine ressassait : « Rien qu'à moi, elles me le volent. Pas le droit ! C'est bien moi qui l'ai débusqué, petit être traqué. Moi et pas Barbara et surtout pas La panthère ! Je l'aime, nous allons nous marier et je ne les inviterai pas à la fête. »

Madame Brownsky fit intrusion. Jasmine lui hurla :

— Jim m'apprécie comme je suis, avec mes rondeurs sur les hanches !

— Pourriez-vous la mettre en sourdine et m'écouter…

Jasmine s'enfonça dans un carton et s'effondra dans le réduit mal éclairé. Madame Brownsky, peinée par cette dégradation, poursuivit néanmoins :

— Ma chère, les girondes et les poupines sont dans l'air du temps, fort au goût des hommes et, qui plus est, de votre fiancé. Bref, les voluptueuses font leur retour et vous êtes de celles-là. Aussi devez-vous m'accompagner en toute discrétion.

— Nous allons où ?

— Au bord de la mer. Monsieur Flemming vous espère. Courage, Mademoiselle ! Sortez de ces boîtes et levez-vous !

— Alors, il adore mes formes ?

— Autrefois, les modèles de beauté jouaient à se faire peur en tutoyant l'anorexie, l'allongement et l'affinement d'un corps digne d'un supplice de l'époque de l'Inquisition. Fin du corset et de la grande sauterelle, vous êtes bel et bien en chair. Excusez la tirade mais c'est Jim Flemming qui fait ainsi l'éloge de la volupté. Il se languit de vous et doit nous rejoindre au garage.

Madame Brownsky n'était pas au bout de ses peines, convaincre l'agaçait mais elle devait le faire avec des arguments pesés.

— En ce qui concerne les silhouettes généreuses, Jim n'est pas le seul à apprécier. Ce phénomène s'avère être bien plus qu'une lubie des branchés de la mode, c'est une véritable tendance sociétale. Les rondes accèdent aux tenues les plus glamour qui soient !

— Les robes de mariées à volants ?

— Exactement, totalement lookées, enrobées de tulle blanc. Tirez le meilleur parti de vos atouts, de vos cuisses en chair, de vos fesses arrondies, de vos seins généreux. Que diable !

— Enfin, je ne suis pas sûre que, du côté tour de poitrine, j'assure vraiment…

— Passons sur ce détail, envisagez le soutien-gorge pigeonnant.

— Le Wonderbra ?

— Exactement. Donc, ce sex-appeal à la Fellini, ces pin-up des années cinquante, tout revient au galop dans les magazines féminins. Croire qu'il n'existe qu'un seul modèle de beauté est une hérésie. Jim Flemming l'a bien compris, il raffole de cette avalanche de féminité.

— Il veut encore de moi après ce que j'ai fait ?

— Oui et oui !

« La mémoire lui revient », songea madame Brownsky, « ce n'est pas bon signe. »

— Bon, dynamisme, punch mais aussi sobriété ! Vous allez me suivre sans sourciller et attendre votre fiancé dans la Chevrolet d'Arald. Vous me promettez de rester bien sage ?

— Une image. Si Jim m'a pardonné, je suis bien heureuse que cela se termine ainsi. Je regrette mes bêtises… et une église face à la plage fera tout à fait l'affaire.

Joyeusement, Jasmine rajusta son serre-tête, remonta ses lunettes en écaille, lissa les frous-frous de sa robe de princesse et, enfin, s'extirpa de son carton.

— Et d'une ! souffla madame Brownsky. Au tour de Barbara.

XXXIX

VIOLEUR

Vendredi 12 juin - 0 heure 10.

Monsieur Miracle sortit tel un furet, glissant sur la moquette rase. Avec une discrétion extrême, il ramassa la confortable liasse de billets déposée sciemment sur le guéridon de l'entrée. Rides et ridules ne supportaient pas l'excès de courtoisie. Pas une parole, juste un massage de front pour étirer sa peau tendue à souhait. Drôle de soin pour une bien jolie mythomane, quoiqu'à demi calcinée. Vieilles brûlures sur la poitrine, la chirurgie plastique pourrait améliorer cela… une autre fois.

Dans la chambre d'Arald et Luis, madame Brownsky installa, avec une grâce toute féline, sa fesse gauche sur le rebord du lit de Barbara. À peine remise de son discours empathique auprès de Jasmine, elle devait se remettre à l'ouvrage, convaincre la blessée de la suivre.

— Enfin seules ! N'ayez crainte, Barbara, mon cher docteur Miracle est une vraie tombe.

— Je n'ai rien à cacher et je lui ai tout raconté.

— Et il vous a cru ?

Barbara s'agita.

— Le procès ?

— Tout doux, ne remuez pas ainsi, votre blessure pourrait s'en voir contrariée. Donc, avant de revenir sur notre fameux procès, je viens vous tenir au courant. Désespérée, notre petite Jasmine, l'est…

— Au bord du suicide ?

— Je n'osais vous l'annoncer. Comment pourra-t-elle se reconstruire après un tel drame ? Nous devons crever l'abcès.

— Comprendre.

— Oui, une thérapie qui passe par les mots. Dans un lieu paisible.

— Une institution spécialisée ?

— À peu de chose près. Du repos, encore du repos et l'air iodé, voilà ce qu'il lui faut à notre malheureuse… Elle a été violée.

Barbara resta bouche bée.

— Maintenant, vous analysez mieux pourquoi elle a séquestré ce Jim. Vengeance d'une femme qui a subi la pire des meurtrissures. Inutile de s'étendre sur l'acte odieux, vous êtes une femme tout comme moi, vous saisissez…

— Le monstre !

Madame Brownsky tritura une mèche rebelle de son chignon choucroute. N'allait-elle pas trop loin dans les supputations ? Enfin, ce mensonge ferait peut-être bouger Barbara…

— Elle vient de vous l'avouer ?

— Exactement, recroquevillée dans un coin de ma cave, elle a décrit ce qu'elle a subi. Détails terribles. Violée à plusieurs reprises par un malade sexuel…

Madame Brownsky dut baisser la tête, tourner les épaules pour se retenir. Ses propos étaient ignobles et peu crédibles.

— J'ai du mal à vous croire !

— Quoi qu'il en soit, que vous croyiez ou non mes dires, Jasmine sera nettement plus défendable si on touche la corde sensible des jurés par un petit viol.

— Petit ?

— Oui, bon, maintenant debout, nous partons illico.

— Où ?

— L'air de la mer nous fera le plus grand bien à tous.

— Vous êtes frappadingue. Mon portable, rendez-le-moi !

— Confisqué par Arald, vous en êtes réduite à des signaux de fumée pour prévenir les autorités judiciaires. Allez, on descend au garage. Si vous ne coopérez pas, je crains qu'Arald et Luis ne fassent des misères à nos deux tourtereaux.

— Le violeur et la violée !

— Certes, oublions le viol… Toutefois, votre amie hystérique vous a tiré dessus, Jim Flemming a assassiné une femme d'affaires anglaise et un malfrat est à ses trousses.

— Quel malfrat ?

— Un costaud qui a voulu s'introduire de force dans votre appartement. Franchement, quitter au plus vite les lieux et sans bruit me semblerait profitable pour tous… Nous rendrons ainsi le meilleur des jugements, en toute sérénité.

— Non, je campe ici, j'attends la police.

— Elle ne viendra pas et vous allez vous faire zigouiller pour de bon. Nous sommes tous en grand péril en restant dans ces murs.

— Je ne bougerai pas !

— Très bien, dans ce cas, vous serez coupable de non-assistance à personne en danger. Arald a récupéré l'arme de Jasmine et compte bien s'en servir sur ce Flemming.

Barbara, flageolante, sortit du lit. Ce dernier argument venait de la frapper en plein cœur. Une fois dans sa vie, elle avait lâchement abandonné l'être qu'elle chérissait le plus au monde. Le courage qui lui avait manqué ce jour-là, elle souhaitait le faire exploser. Se racheter en sauvant un homme, serait-ce un assassin, elle se le devait ! Plus jamais, elle ne laisserait mourir quelqu'un ! Elle tenterait le tout pour le tout.

Elle accompagna madame Brownsky jusqu'au garage, pour arrêter le carnage.

XL

DÉPART

0 heure 30.

En montant à l'arrière de la Chevrolet bleu ciel, à côté de madame Brownsky, Barbara aperçut instantanément Jasmine qui dodelinait de la tête, les yeux levés au plafond. Si madame Brownsky n'avait fait écran, elle aurait sauté sur son amie d'hier pour la faire revenir à la raison.

— Où est l'homme à la muselière ? s'exclama Barbara.

Arald, calé contre le volant, se mit à pester :

— Dans le coffre et bien vivant, rassurez-vous... Mal de chien. Cet apollon ne se laissait pas faire. Je suis en sueur et la transpiration va ruiner le cachemire de mon pull.

Luis frotta le torse de son compagnon pour sentir l'humide.

— Non, rien de grave. Je le laverai à la main avec un adoucissant à la vanille, comme tu aimes.

— Vanille de Madagascar ?

— Tout juste, une senteur… exotique.

Madame Brownsky s'énerva :

— Alors, vous démarrez ou vous préparez un casting pour une pub "Woolite" ?

Le pilote régla son rétroviseur.

— Du calme, dans le fond de la classe. Vous n'avez pas omis de vous attacher ?

Barbara enfonça le clip, mordillant sa lèvre inférieure. Jim Flemming était toujours vivant.

Disciplinée, Jasmine vérifia la boucle de sa ceinture de sécurité. Toute froissée, sa robe de tulle était fripée et le plafonnier tout blanc. Partir pour l'église en pleine nuit, quelle drôle d'idée ! De plus, pour la chapelle de Lotivy ! Arald lui avait suggéré ce site pour sa quiétude… Si cet excellent conseil alliait raffinement, simplicité et esprit hautement catholique, Tom Cruise apprécierait-il à sa juste valeur ce choix fort humble, indéniablement éloigné de la scientologie ? Jasmine grimaça, songeant brusquement à son choix d'un acteur pour témoin : cela sous-entendait paparazzi… Après ce qu'avait commis son fiancé, ne valait-il mieux pas s'écarter des sunlights, laisser sa star aux USA ? Son visage se décrispa, son Tom se ferait discret, puis son front se plissa, l'image de son Jim saucissonné avec les bagages la peinait sincèrement. Enfin, cela était probablement mieux ainsi… Elle se devait de rester sur la réserve, de cacher son fiancé, même si cela lui coûtait de le savoir contraint à l'inconfort durant le trajet. Jasmine chuchota : « Mon amour, juste trente kilomètres… », et tourna ostensiblement la tête en direction de Barbara.

Cette sournoise avait réussi à se faire inviter, pire, elle se préoccupait du sort de Jim, de façon suspecte.

Arald fit ronfler le moteur. Luis se dandina sur son siège. Les excursions l'excitaient diablement. L'Aventure ! Son aimé était un aventurier, un meneur d'hommes, un…

…Arald, comme il n'y en a pas deux dans toute la galaxie.

Dans le coffre, Jim bouillait. « Avec mon arme braquée par ce dingue, ce dénommé Arald, qu'est-ce que je pouvais tenter ? Rien, obéir, me tasser. Maintenant, où projette-t-il de m'enterrer ? À la campagne. En pleurant Peter, il va me découper à la scie et creuser un trou bien profond. Dans six mois, un fox-terrier reniflera ma piste, déterrera mon fémur. »

La tête de Jim heurta le cric.

XLI

BORD DE MER

1 heure 03 - Saint-Pierre-Quiberon.

Une demi-heure plus tard, la Chevrolet passa la grille de la propriété de madame Polard. L'éclairage automatique se déclencha. Parterres parfaitement entretenus par le jardinier, deux splendides magnolias bordaient l'allée de gravier gris. Les pneus crissèrent.

— Face à la mer ! s'exclama Luis.

— Bonne maman a toujours eu du goût, répliqua madame Brownsky.

Jubilante, elle agita les clés de la demeure bourgeoise. Elle exultait de pouvoir compter parmi ses relations une propriétaire de villa avec vue sur la baie de Quiberon.

— En tant que détentrice des clés du paradis, je me ferai fort de distribuer les chambres. Je propose la jaune pour Barbara, la verte pour Jasmine, la rose pour vous Arald et Luis, quant à moi, organisatrice de ce séjour, je me réserve celle du rez-de-chaussée.

Elle frétilla, songeant à son choix personnel, espace spacieux qui plongeait sur la mer, s'inondait de soleil au premier rayon du jour, le must. Voilà, elle venait de boucler les affaires courantes en parfaite maîtresse de maison.

En ouvrant la portière, Barbara osa :

— Et quelle chambre, envisagez-vous pour Flemming ?

Jasmine grommela.

— La mienne et pas la tienne.

Arald, sur les nerfs, coupa le contact.

— Mesdemoiselles, vos chamailleries me portent littéralement sur le système. Pour notre Roméo, je pressens un cagibi. Luis, aurais-tu l'obligeance de récupérer l'arme dans la boîte à gants ?

Quinze minutes plus tard, tous les six avaient pris possession de leurs quartiers respectifs dans une bonne humeur relative, Barbara, Jasmine et Jim ayant agi sous la contrainte.

À une heure trente, son vanity sur la coiffeuse, madame Brownsky se tenait prête à faire œuvre de charité pour son visage décomposé. Lait démaquillant, sérum végétal anti-âge, innovation en kit, soins solaires et boules de coton s'alignaient sur le bois précieux. Disposée à l'attaque du ravalement, elle se préparait à décoller la pigmentation faciale et à enduire son visage de sa peinture de guerre de nuit, lorsque Luis fit irruption dans la pièce.

— Enfermées, les deux demoiselles vont se glisser sagement dans les bras de Morphée mais…

— Oui, vous disiez ?

— Eh bien, Flemming, Arald l'a forcé à faire du bateau.

— Excusez-moi, je ne saisis pas bien, de la voile ?

— Pas à vapeur. Non, ce beau mâle est piégé par mille cordages, au fond de la coque d'un 420, dériveur remisé. Enfin, j'ai jugé bon de lui caler les côtes et la nuque avec des coussinets de ma confection, un assemblage de gilets de sauvetage d'un orangé pétant.

— Parfait, maintenant bonsoir ! Nous verrons tout cela demain.

— À l'aube ?

— Non, disons qu'aux environs de 10 heures, je m'entretiendrai avec mon client. Cela sent-il mauvais dans cette coque de noix ?

— Aucune moisissure.

— Rassurant. Néanmoins, je l'aspergerai de parfum avant de lui parler.

— Pas dans les yeux.

— Diantre non, ils sont d'un bleu !

Luis s'esquiva pour rejoindre Arald dans leur cocon. En entrant dans la chambre, il sourit. Le couvre-lit de satin parme était savamment plié au pied du lit, comme il aimait, bien au carré. En se faufilant sous les draps, il s'extasia sur la passementerie et sur les tentures kitch, puis se lova dans les bras de son aimé.

— Et si je m'essayais à peindre des marines, proposa Luis, tout en frottant son nez sur la clavicule d'Arald…

— Oui… en fait non, les fleurs, tu maîtrises. Le crois-tu coupable ?

— Du meurtre de cette Anglaise ? Évidemment ! Quant à Peter…

— Eh bien, moi, je veux le voir avouer. Peter a trop enduré. Il revêtait ses cravates en soie de chez Gucci pour se rendre au domicile de ce Jim, nous rabattait les oreilles avec ce coq de bruyère. A-t-on le droit de jouer ainsi avec les sentiments d'un homme ? Tout de même, l'inviter dans son loft, partager des whiskies, faire croire…

— À une ouverture. Un bourreau des cœurs !

— Châtier, nous le devons !

— Nous le ferons… Demain, je cuisinerai une poularde en sauce pour six.

— Non, cinq, le châtiment prendra corps avec un jeûne pour Jim Flemming.

— Parfait, soyons fermes !

XLII

GRAND FRÈRE

10 heures - Vannes.

Le petit-déjeuner “continental” à la terrasse d’un café, rattachait le quotidien terrifiant à un maigre bonheur, dégoulinant et sucré. La cuillère de Sébastien se voulait abeille, butinant dans le pot de miel.

Sur le port, mine grave, il dégustait, lorsque Ferroni s’attabla face à lui. Pas de bonjour, nulle perte de temps, ce dernier engagea :

— Des caméras partout sur les lieux du crime !

Sébastien cessa de dévorer son croissant saupoudré de sucre glace, la pâte se mua en papier buvard. Il trempait le croustillant dans son crème à grands ploufs rageurs. Ferroni héla le serveur :

— Un arabica corsé… Sébastien, tiens-toi bien, pendant que tu passais à la question au commissariat, j’en ai appris bien plus ! Le pire qui soit, une glace sans tain dans la salle de bain, un matériel ultra-sophistiqué dans une pièce aveugle attenante et un accès dissimulé derrière la coiffeuse. Sous toutes les coutures, notre Jim, quadrillé, disséqué ! Des flashes l'ont immortalisé chez madame Cornwell.

Le croissant s'effondra dans le café-crème, tachant la nappe.

— La glace, sur pied ?

— Non, uniquement le buste et le visage.

— Une mouche observée au microscope ! Dingue !

— Photographie du moindre pore, radiographie du plus petit point noir…

— Autre chose ?

— Ce réduit derrière la vitre, une véritable galerie de portraits.

— De Jim ?

— De toi. Fourchette en main, bouchée à portée de lèvres, face à Jim.

Sébastien avala sa salive, déglutissant nerveusement.

— Le Boucicaut ?

— Ton restaurant, votre cantine à tous les deux, de l'entrée au dessert, toi et Jim. Et puis Pauline avec son adorable broderie, chemisier en voile de coton et dentelle. Ravissante, ma fille, une vraie fée papillon, avec ses cheveux relevés et son nez retroussé. Enfin, Jim qui s'assoit face à elle dans un café sur la Rabine. Quant à Ben, le chérubin, cabriole, saut sur les épaules de Jim, une barbe à papa en main.

— La foire au Parc Chorus ?

— Tous les manèges y sont passés. Jim a une patience avec ce petit ! Et ce n'est pas fini, des clichés de ses ex, ses conquêtes, les regards de Jim sur les jambes des filles, subtils. Et les yeux des femmes, les rires sans son sur le papier glacé, les gloussements, ton frère plaît à la gente féminine ! Elles se détournent sur son passage.

— Beau mec, comme moi. Parles-en à Pauline…

Ferroni haussa des épaules. Dans la peau ! Pauline l'avait dans le corps, son beau Sébastien ! Cela rassurait Ferroni, lui, avec ses deux divorces, ne donnait pas vraiment l'exemple, elle aurait pu rejeter la vie de couple, eh bien, non, sa petite se complaisait dans une vie à deux, exclusivité gérée. Un seul beau-fils et pour des lustres encore, alors le petit frère, il fallait le sortir de ce mauvais pas. Ferroni avala son café d'un trait.

— Oui, bel homme, mais vous n'avez pas vraiment de point commun, un vague air de famille.

De la main, Sébastien balaya les miettes, minuscules, si semblables, issues de la même pâte croustillante.

— Pauline ne te l'a jamais dit ?

— Quoi ?

— Jim n'est pas vraiment mon frère. Juste que l'on n'a pas le même sang parce que, pour le reste, c'est un million de souvenirs en commun.

Interloqué par l'aveu, Ferroni baissa les yeux. Il resta silencieux puis bredouilla enfin :

— Hélène Cornwell faisait une fixation sur TON frère.

— Oui, mon grand frère à moi, et puis cette malade croise sa route…

— Je pencherais plutôt pour une calculatrice avec un mobile qui me dépasse.

Ferroni se massa l'œil avec l'index, aller et retour de fatigue, de réflexion, d'interrogation.

— Sébastien, j'en perds mon latin…

À une trentaine de kilomètres de là, le grand frère se morfondait, ventre vide. Jim attaché à la baume, ligoté dans la coque, entortillé dans les gilets de sauvetage, se noyait dans un garage.

Toute pimpante, madame Brownsky, atomiseur en main, s'approcha de son client.

— Bonjour, monsieur Flemming… Votre nuit fut-elle profitable à la méditation ? Quoi qu'il en soit, pour assurer votre défense, je dois absolument tout savoir sur l'affaire Cornwell mais aussi Voland. Seriez-vous bisexuel ?

Silence et hochement de tête de Jim. Négatif.

— J'arrache le sparadrap et vous ne braillez pas. Je ne supporterai pas les effusions. Je suis votre avocate, ayez pleine confiance !

Arrachement de peau, les poils s'extirpèrent du menton de Jim. Il cria.

Madame Brownsky grimaça, encaissant la douleur de son supplicié. Pire que l'épilation à la cire ! Elle compatissait grandement.

— Madame, je suis innocent et vous devez me croire. Pitié, délivrez-moi !

— Contez votre mésaventure et ensuite, je jugerai… selon ma bonté d'âme.

Jim raconta. L'histoire était sienne et, mille fois, il se l'était narré pour lui-même.

Madame Brownsky laissa se dérouler les faits puis conclut :

— Alors, si vous ne l'avez pas tuée. Qui l'a fait ?

— Je ne sais pas et je ne risque pas de l'apprendre si vous ne me relâchez pas.

— Je ne peux pas. Ici, vous êtes en totale sécurité.

— L'individu au nez vérolé ?

— Exactement. Si, dans cette villa, nous jouons à une mascarade de procès, au moins vous gagnez du temps. La police enquête sérieusement et personne ne viendra vous dénicher jusqu'ici… Donc, si je vous ai bien suivi, madame Cornwell appréciait les kangourous. Ce qui me semble fort normal, son séjour en Australie lui a donné des idées de peluches pour son fils. Vous a-t-elle parlé de lui ?

Sans attendre la réponse, elle se mit à hurler :

— Madame Polard, elle rentre aujourd'hui même de voyage ! Mon Dieu, je dois absolument la prévenir !

XLIII

ENCAS

10 heures 30 - Saint-Pierre-Quiberon.

Dans la salle à manger, Luis, torchon en main, tablier à carreaux de madame Polard ceinturé à la taille, s'adressa à Barbara et Jasmine :

— Splendide, la vue ! Époustouflantes, toutes ces minuscules voiles dans le lointain ! Je retourne au fourneau. Le boucher de cette localité, excellent, lui aussi ! Au fait, Mesdemoiselles, j'espère que vous appréciez la poularde ? Bon, la cuisine m'attend.

Il s'esquiva tandis qu'Arald fit asseoir les belles, chacune en bout d'une table imposante, prévue pour les repas de famille mêlant trois générations et une vingtaine de convives. Muette, Jasmine relevait les bretelles de sa robe de mariée dans un geste perpétuel. Glissade infinie dans sa folie. Barbara, ahurie, chemisier taché par son sang maintenant sec, écaillait nerveusement la nacre de ses boutons. Soudain, elle se leva, cognant de ses poings le chêne massif.

— Arald, cette mise en scène a suffisamment duré ! Vous voyez bien que Jasmine s'emmure dans son monde. Où est l'homme à la muselière ?

— Jim Flemming… fait du bateau avec madame Brownsky, son avocate.

— Libérez-le de cette panthère, sur-le-champ !

— Vous ordonnez, de quel droit ? Il a occis par deux fois et vous invoquez la liberté sans autre forme de procès. Un meurtrier que madame Brownsky aura bien du mal à défendre…

Jasmine se mit à geindre :

— Mon fiancé n'est pas un assassin. Pour le banquier, ce fut un accident et pour l'Anglaise, un coup monté. Quand arrive Tom Cruise ?

Barbara se rassit.

— Jasmine, explique-toi…

— Luis a-t-il songé aux lys ? La chapelle devra crouler sous les pétales blancs, nous y tenons fortement, Jim et moi. Pour le déjeuner, a-t-il pensé en dessert à une pièce montée de Chamonix à l'orange ? La seule poularde me semble trop peu pour un mariage. Bon, je vais l'assister. Je suis une cuisinière hors pair, spécialiste du mijoté, quoique ma tenue ne soit pas des plus appropriées.

Elle se leva tout de go. Se dirigeant vers la cuisine, elle lança :

— Luis, qu'avez-vous prévu en hors-d'œuvre ?

Anéantie, Barbara sortit dans le jardin. Arald, arme en main, la suivit.

Dans la cuisine, Luis accueillit son commis avec la mine de travers.

— J'envisage les fruits de mer. Si vous tenez sincèrement à m'aider… peut-être pourriez-vous trancher le pain de seigle ?

— Où se trouvent les couteaux ?

Luis eut une vision d'horreur, la lame entre les doigts de Jasmine, la killeuse. Il s'exclama :

— Non ! À bien y réfléchir…

Tout pouvait se révéler arme dans cette damnée cuisine : casse-noix, tire-bouchon, fil pour entortiller le rôti. Il devait se raviser et, vite, planquer toutes les lames.

— Dressez la table pour cinq !

— Non, six. Nous sommes six. En tant qu'assistante au service contentieux chez Échec et Mat, monsieur Perette, agent comptable de son état, me gratifie de véritable calculatrice sur patte, donc je compte pour six. Le prêtre sera-t-il convié ? Vraisemblablement, j'ose me lancer, disons sept. Avez-vous songé à retirer la muselière à Jim ? Pour s'alimenter, c'est d'un inconfort ! Mince, j'ai oublié mon entonnoir !

Luis, affairé devant sa cuisinière à gaz, chuchota :

— Complètement gaga…

Il agissait, déhanché, cuillère en bois à la main, toujours de profil, jamais de dos. Il se tenait sur le qui-vive, prêt à répliquer si Jasmine lui sautait dessus.

Sur la terrasse, Arald surveillait du coin de l'œil Barbara. Il n'était pas question de la voir filer. En contrebas, Barbara sagement accroupie sur le sable, s'emplissait faussement de l'océan, se sachant épiée. Les petits grains laiteux filaient entre ses doigts, sablier qui la fit pleurer. Quatre ans déjà que Fred avait disparu. Le temps n'effaçait rien, estompait la douleur, si peu, si mal. Son fils aurait eu neuf ans. Joli mois de juin pour les châteaux de sable, terrible pour une mère sans enfant !

Le temps s'écoula et, brusquement, suspendit son vol, carillonnant dans la maisonnée. Onze coups, un vacarme d'enfer qui provenait tout droit de la comtoise, l'horloge aux poids lourds, la centenaire qui s'étirait vers le plafond de la salle à manger, sans même daigner le toucher. Le son assourdissant monta par l'escalier, se faufila au troisième, heurta les meubles massifs transmis par les générations passées, puis se glissa jusqu'au grenier, dans l'âme de la maison de famille au milieu d'un empilement de souvenirs de vacances.

Madame Brownsky sursauta puis, le calme revenu, se délecta. Elle adorait ce capharnaüm de berceaux en bois, de pelles en fer, de paravents tendus de vichy. Dans son pigeonnier, elle avait une vue imprenable sur la mer, une balise au large et Carnac à l'horizon. Téléphone en main, elle composa le numéro de madame Polard. Lorsqu'elle raccrocha, ses mains tremblantes s'agrippèrent à une chaise de bébé en bois à la peinture bleue écaillée. L'objet bascula, laissant apparaître un kangourou empaillé.

XLIV

LE KANGOUROU

11 heures 30 - Vannes.

Dans le salon des Flemming, Ferroni se frotta le menton à pleines mains.

— Le kangourou… Sébastien, je ne cesse d'y penser…

Ben vint se caler sur le canapé, entre son père et son grand-père, pour entrer dans l'univers des adultes. Il suçait une glace, pur délice, éclats de noisette, nappage cacao et chocolat à l'intérieur. Les grands ne le voyaient même pas ! Quand on est petit, c'est toujours ainsi, on vous oublie avec un bâtonnet fourré dans la bouche, alors il lécha bruyamment. Rien n'y fit, invisible, juste une tape de son papi sur sa tête pour signifier qu'il venait de l'apercevoir se faufiler. Ce geste lui rappelait son état de petit, celui que l'on rabaisse encore plus ainsi. Il bomba le torse.

— Papa, les kangourous, il n'y en a pas qu'en Australie…

— Mais aussi en Tasmanie. OK.

Nouvelle tape, cette fois de son père. Humiliante. Aucune considération pour ses paroles ! Même pas possible de s'expliquer ! Il piailla dans une dégoulinade de chocolat :

— Non, dans les zoos et puis chez soi. Oui, oui, dans les jardins des riches !

Voilà, il l'avait lancé et encore, s'était retenu ! Les adultes n'auraient pas apprécié qu'il ajoute : « dans les magasins de peluches », il ravala la glace et la remarque.

— Sébastien, Ben a raison. Et si elle avait eu un élevage de kangourous ?

— Une fermette dans la banlieue de Londres ?

Ferroni s'éclipsa dans le bureau. Quinze minutes plus tard, il revint, tenant sa réponse.

— D'après mon relais londonien, Ben a vu juste. Les fortunés s'autorisent de coûteux caprices, comme ce parc qui abrite des kangourous en semi-liberté…

— Une piste qui nous embrouille, quel rapport avec Jim ?

Ben, toujours invisible et néanmoins collé à son père, intervint :

— Jim est au chômage et la dame voulait un gardien de zoo.

Chômeur, voilà un beau métier qui alléchait beaucoup Ben. Cet emploi offrait de multiples possibilités en alliant fainéantise et opportunités sur tout. Il suffisait d'attendre. Lorsqu'il ne rangeait pas sa chambre, sa mère lui lançait : « Tu finiras chômeur », cela ne lui donnait pas de cœur à l'ouvrage. Cette profession de "dérangeur de jouets", de "pagailloux" lui plaisait. Bel avenir que le chômage, d'ailleurs son oncle l'avait fait sien.

Ferroni ébouriffa la tignasse de Ben. Cela reprenait de plus belle, la pagaille dans sa tête, cheveux dressés et crête de coq. Le petit se recoiffa tant bien que mal et dressa l'oreille pour écouter son grand-père.

— Tout, nous devons tout apprendre d'Hélène Cornwell ! La presse n'évoque que la partie visible de l'iceberg. Ce parc avec des kangourous en est bien la preuve, pas un mot sur cette étrange lubie dans les journaux. Les investigations, les bottes crottées, la filature, le froid, l'attente, rien ne remplacera jamais l'enquête de terrain, je file sur Londres. Sa vie privée se niche sous la calotte glacée !

Son portable vibra sur sa poitrine, Ferroni sursauta. Son indicateur londonien revenait à la charge, il partit dans le couloir.

— Du nouveau, Sir Ford ?

— Elle voyageait beaucoup, voire trop, aux quatre coins du monde.

— Pour affaires ?

— Pas uniquement, elle cherchait quelque chose.

— Quoi ? Des marsupiaux et des spécimens rares pour son zoo ?

— Plus, l'origine de l'Homme. Sa femme de chambre m'a annoncé qu'en guise de boudoir, elle s'était recréé un véritable muséum d'histoire naturelle. Cette fanatique des ossements et crânes en tout genre se voulait extrêmement discrète sur cette passion. Il y a un peu moins de six mois, elle a décalé tous ses rendez-vous pour se rendre urgemment en Australie… suite à une découverte.

— Excellent, Sir Ford ! Je serai à Londres dans la soirée pour une incursion dans l'intérieur étrange de madame feue Cornwell.

Ferroni raccrocha et fit un signe à Sébastien pour qu'il le rejoigne.

— Elle courait après le premier hominidé, drôle de femme !

— Une voyeuse qui planquait des caméras braquées sur les mâles.

— Incompréhensible, trouble. Enfin, si moi, je plie bagage à nouveau, pour lever le mystère sur Hélène Cornwell, toi, tu te concentres sur l'inconnue, la dévoreuse de friandises à l'orange…

— Jasmine ?

— Fais-toi aider de Pauline, qu'elle furète à l'école, se renseigne pour savoir si un autre que Ben l'a entraperçue. Mieux, tu fais dessiner au petit un portrait-robot.

— Il a sept ans et ne gribouille que des monstres et des extraterrestres.

Ferroni rit ; sacré bonhomme que son petit-fils et futé comme tout !

Sébastien retint Ferroni par la manche.

— On va retrouver Jim vivant ?

— Oui, débusque cette femme… On va le sauver, ton frère.

La poigne de Ferroni s'abattit avec fermeté sur l'épaule de Sébastien. Elle pressa la chair, y enfonçant le « ton frère ».

Sébastien devait le lui raconter avant qu'il ne parte en Angleterre, il se racla la gorge.

— Jim est un miracle à lui seul. Pas une naissance sous X, aucunement un orphelin comme les autres, un don du Ciel déposé sur le parvis d'une église. Il est apparu à ma mère un dimanche matin à Saint-Pierre-Quiberon.

Déconcerté, Ferroni se demandait où Sébastien voulait bien en venir. Digne d'une apparition à Lourdes, cette histoire semblait si peu vraisemblable.

— En ce mois de février 1969, notre mère, une catholique peu pratiquante, fleurissait néanmoins la tombe de son père. Brassée de feuillages et de glaïeuls déposée dans le vase de marbre, son œuvre accomplie, elle sortait du cimetière. Si un attroupement de chats noirs ne l'avait alertée, elle serait passée à côté du nourrisson. Jim s'étouffait, encerclé par des matous.

Ben apparut, traînant la valisette de son grand-père pour aider à son départ pour Londres. Bien plus lourde que le sac à dos de Lola et pourtant, elle en fourrait des paquets de barres chocolatées dans sa pochette avant ! Exténué, il lâcha prise pour s'exclamer :

— Jim est allergique aux poils !

Nouvelle tape sur la tête et repoussement du pied de la valise. Ben vit tous ses efforts ruinés. Il pleurnicha de rage.

Ferroni le prit dans ses bras…

— Ne pleure pas, on va le retrouver ton, oncle…

Ben se débattit. Rien, les grands ne comprenaient rien à rien ! Évidemment que son oncle allait réapparaître, sans rançon. Il se cachait juste avec sa fiancée à cause des méchants.

Sébastien poursuivit :

— Plusieurs années de procédure et enfin l'adoption.

— Personne n'est venu le réclamer ?

Ben grattouilla le cou ridé de son grand-père, sorte de chatouille. « Réclamer, c'est quand on n'est pas content du jouet. » À Noël dernier, sa mère avait fait une réclamation pour son robot. Personne n'avait pu réclamer pour Jim, un oncle pareil, une perfection.

XLV

NÉAN

12 heures.

Monsieur X se tenait dans son véhicule, garé devant le laboratoire vannetais. Il venait de recevoir les résultats. L'analyse sanguine, rondement menée, le mettait en joie, la monnaie trébuchante avait aidé la jeune laborantine à agir vite et bien. Il frétilla en refermant l'enveloppe, ce n'était pas le sang de Jim Flemming. Cette nouvelle valait bien une pause, un réconfort, une histoire d'enfant martyr, celle du petit Néan. Monsieur X avait eu une enfance heureuse et se délectait de tous les faits divers retraçant les affres vécues par des garçonnets maltraités. Être battu aurait pu expliquer son plaisir à donner la mort, mais nulle explication à son vice ne se nichait dans son passé.

Méticuleusement, il nettoya avec une peau de chamois, la reliure de cuir noir. La moindre poussière le rendait irritable, peut-être que cette obsession de l'aseptisé aurait intéressé un psychiatre se penchant sur son cas…

Jubilant, il ouvrit le manuscrit et le posa bien droit sur le volant de sa voiture de sport. L'écriture fine et légèrement inclinée de son commanditaire retraçait le parcours de Néan. Il lut pour la énième fois :

« 20 décembre - Bornéo.

Néan a cinq ans et ne parle pas en langage articulé. De sa gorge, sortent des sons que seuls, ceux de sa tribu peuvent décoder.

L'aube se lève sur la jungle, un râle monte du larynx de l'enfant. Gémissant, face contre terre, le petit tient la main sans vie de sa mère. Frottant son nez dans la glaise, il le colle ensuite à la joue de sa maman. Il relève la tête. Hagard, son regard embrasse le massacre. Il voit un pied ensanglanté, un corps désarticulé. Toute sa famille vient d'être exterminée et il ne comprend pas la mort. Il baisse les yeux et s'accroche, désespéré, au poignet de sa génitrice. Il caresse ses doigts, jouant avec son index, titillant son pouce inerte.

Un homme le soulève du sol et vocifère : « Y en a un de vivant ! Apportez une cage ! »

Le téléphone de monsieur X sonna, interrompant sa rêverie.

Son commanditaire le questionna :

— Avez-vous retrouvé Jim ?

— Pas encore… mais ce n'était pas son sang dans l'appartement de mademoiselle Milan. Je le crois toujours en vie. J'avoue que je piétine et que je suis déboussolé par la tournure que prend l'affaire. Fait tout à fait troublant, tous les résidants de l'immeuble se sont fait la malle durant la nuit.

— Y compris notre Jasmine Milan ?

— Exact, mais je vais les débusquer. Une certaine madame Polard rentre ce matin même de voyage, la seule rescapée de la résidence.

— Agissez et vite, chaque minute m'est précieuse…

Monsieur X raccrocha. Désarçonné. Son arme en pendait de désarroi. L'échec, il ne supportait pas. Frénétiquement, il lécha son index et mouilla une à une les pages jusqu'à celle écornée.

« *4 janvier - Agra en Inde.*

Au plein milieu du carrefour, la vache stoppe net sa progression. Impassible, l'animal sacré se plante devant le 4x4. Calmement, le conducteur effleure le tissu léopard qui recouvre le volant. Il cesse de le cajoler pour tourner le bouton du volume de son autoradio puis se met à chantonner, il ne peut que patienter et ignorer les coups de klaxons. Autour de son véhicule, le flot de circulation est dense, compact, et la scène, effroyablement bruyante. Un chariot tiré par un bœuf le dépasse par la droite, des motos et vélos font du gymkhana. Un pousse-pousse se colle à son pare-chocs arrière. Un bus, dangereusement chargé de marchandises sur son toit, fait crisser ses pneus. Dans sa cage, dissimulée à l'arrière du 4x4, Néan s'affaiblit d'heure en heure. Il presse ses mains tout contre ses oreilles, il ne veut plus entendre ces bruits assourdissants, ils lui sont si étrangers ! L'homme assis à la place passager, se tourne vers le conducteur.

— Tu as déjà visité le Taj Mahal ?

— Non et on n'a pas le temps de faire du tourisme.

— Celui qui a fait construire ce mausolée a pris tout son temps, seize ans et tout ça, pour l'amour d'une belle…

La voix du chauffeur se perd dans la musique.

— Jette un coup d'œil à l'arrière !

Le passager se penche et soulève le tissu kaki qui recouvre la cage.

— Il est de plus en plus faible, tu crois qu'il va tenir le coup jusqu'à Jaïpur ? Le désert du Rãdjastãn sera une sacrée épreuve pour lui…

— Il vivra jusqu'à la ville rose et ensuite, tu auras tout le loisir pour jouer le touriste avec des billets plein les poches. On livre notre paquet là-bas, au jardin du palais du maharadja.

La vache se met en mouvement avec mollesse, le 4x4 reprend sa route. »

Dubitatif, monsieur X referma le manuscrit. Étrange, c'est comme si l'auteur narrait la scène de l'intérieur du véhicule. Pourtant, le 4 janvier, il était bien devant lui à Londres. L'existence de Jim Flemming lui avait fait un sacré choc, tout comme à Hélène Cornwell le lendemain, cela pouvait se comprendre…

XLVI

DÉJEUNER

13 heures 20 - Saint-Pierre-Quiberon.

Luis dénoua son tablier. De son petit doigt, il tapota son menton, essuya une goutte de sauce perlant sur sa lèvre, puis fit irruption dans la salle à manger, le plateau de fruits de mer bien en main.

— Tous à table !

Royal, il sourit à toute la tablée.

Arald, assis au centre, jouait négligemment avec la crosse du revolver. Un cow-boy, un John Wayne. Non, un Marlon Brando de la grande époque. Le sourire en coin qu'arborait Luis se voulait uniquement adressé à sa star hollywoodienne.

Un pas en avant, juste retenu pour ne pas s'effondrer dans les huîtres, une œillade sur la droite et apollon lui apparut. Adhésif sur la bouche, ligoté sur une chaise, ce Jim le faisait littéralement craquer avec sa barbe naissante et ses yeux azur. « Peter ne voyais-tu l'hétéro en lui ? »

Coup de reins et balancement, Luis passa la boulotte en robe de mariée, attablée tout en bout pour trôner en princesse du jour. Sur sa gauche, madame Brownsky clignait des paupières, ses battements de cils s'allongeaient en direction de Flemming. Elle triturait sa fourchette, préoccupée par l'absence de couteau pour tenir compagnie à sa laborieuse à dents.

Luis heurta le pied d'une chaise et faillit s'affaler, il s'agrippa au cou de Barbara, laissant glisser négligemment le plateau sur la table. La chute fut contrôlée, rattrapée par le bras valide de la top-modèle.

Arald lança :

— Après en avoir référé au second juge, Luis, ici en qualité de cuisinier en chef, nous avons décidé de tenir un avant-procès à table, sorte de mise en bouche.

— Fort bien parlé, Arald.

— Mon bichon, prends place et laisse-moi poursuivre. Je tiens à ce que ces préliminaires se déroulent dans la sérénité. Le revolver posé sur ma serviette se veut uniquement dissuasif. Monsieur Flemming, tout d'abord, vous répondrez à toutes nos questions par un hochement de tête. Le oui et le non suffiront. Nous débuterons la plaidoirie après la dégustation des bulots et palourdes. Maintenant, bon appétit !

Jim dévisagea Barbara, son unique espoir. Elle paraissait saine d'esprit, bien que totalement dépassée par les événements et terrifiée par l'arme du meneur de la bande. Clairement dans son camp : le regard de Barbara en disait long. Les yeux de Jim la suppliaient et elle acquiesçait des paupières. « Quatre fous, un supplicié et une splendide créature apeurée, excellent appétit à tous ! » songea Jim. Il mourait de faim.

Les coquilles vides s'amoncelaient. Arald s'exprima :

— Pourriez-vous me dire qui a eu l'impudence d'inviter ce kangourou ?

L'empaillé, debout sur une chaise, dominait l'assistance en bout de table. De ses billes de verre, il fixait toute l'assemblée.

— C'est le curé réincarné ! clama Jasmine.

— Non, l'esprit d'Hélène Cornwell, annonça madame Brownsky en s'adressant à Jasmine, voilà, c'est moi qui l'ai installé là, parce que je souhaitais vous parler de l'Australie.

— La baie de Sydney toute gondolée ?

— Ma fille, vous délirez gravement ! Enfin, le fait étant plus qu'entendu, je dois vous conter à tous une curieuse anecdote… Il y a six mois, j'ai rencontré Hélène Cornwell.

Jim plongea dans le regard de Barbara. La folie gagnait de plus belle.

Six paires d'yeux braqués sur sa personne, madame Brownsky savourait son effet d'annonce. Les faire languir, reformer son chignon à gestes gracieux et, pour finir, raconter :

— Madame Polard que j'ai contactée dans la matinée, m'accompagnait dans ce périple australien. Je vous resitue la scène… Nous conversions dans le hall d'un grand hôtel de Sydney, tout en léchant la petite vitrine fort appétissante d'un joaillier. Tandis que je me perdais en de savants calculs de conversion de prix, le sans-gêne de madame Polard l'a poussée vers un impressionnant landau que couvait du regard, tenez-vous bien, une certaine… Hélène Cornwell. Madame Polard m'a décrit au téléphone, la chose qui se logeait au milieu des draps blancs. Un étrange poupon, bien grand, très brun avec des pouces d'ogre. Madame Cornwell a bousculé l'indiscrète pour qu'elle s'écarte de son bien. Cette femme ne voyageait pas seule, un homme l'escortait. Madame Polard l'a bien vu, malheureusement, moi non. Beau, à ce qu'elle m'en a dit, et plus jeune que la nouvelle maman. Le couple venait d'adopter une sorte de chimpanzé à face humaine.

— Mince alors, une timbrée !

La remarque de Luis fit frétiller la choucroute laquée de madame Brownsky.

Barbara s'esclaffa :

— Hélène Cornwell aurait pu s'inviter à notre déjeuner, tout à fait dans le ton !

Jim hocha ostensiblement, confirmant la remarque.

Jasmine s'adressa au kangourou :

— Que pensez-vous de cette fanfaronnade ?

Trois coups de crosse assénés sur la nappe et Arald annonça :

— Cette mésaventure australienne, bien que surprenante, nous éloigne de nos préoccupations, en l'occurrence l'affaire Voland. Madame Brownsky, avez-vous pu vous entretenir avec votre client et ce, de façon constructive ?

— Oui. Notre présumé coupable se voulait en affaire avec Peter Voland. Ce banquier arrondissait ses fins de mois en proposant à une gente masculine triée sur le volet des contrats d'homme de plaisir. La proposition faite à mon client concernait Hélène Cornwell... Votre ami, probablement commissionné pour ces transactions particulières, avait-il un gros besoin d'argent ?

Luis essuya le bord de ses lèvres avec sa serviette de coton blanc, par touches concentriques.

— Disons, une sœur trisomique en institution, le goût du luxe, des montres de grande marque, des excursions mensuelles sur Londres. Mirifiques RTT ! De nos jours, les travailleurs câlinent leurs cinquante jours annuels de congés et récupérations.

— Donc, il flambait ! s'exclama madame Brownsky, marquant un point pour Jim.

Luis reprit le décompte en main.

— Peter portait beau et cher pour plaire à des hommes comme lui !

Jim souffla dans le sparadrap et faillit s'étouffer. Arald dodelina de la tête.

— Comme lui, non, Peter se fourvoyait. Jim Flemming apprécie les femmes et uniquement les femmes. Croyez-en mon expérience, je flaire cela à distance. N'est-ce pas, mademoiselle Milan ?

Barbara intervint :

— Jasmine, t'a-t-il violée ?

Jasmine grogna :

— Évidemment, dès le premier jour. Il a fouillé toute mon intimité. Nue devant Tom Cruise, un Chamonix dans la bouche.

— Fouillé ! Là, c'est manifestement…

Luis se retint, choqué par les propos. La table se souleva, Jim fit trembler cet univers blanc de ses genoux dressés. La menteuse ! Il se ravisa et la table s'assagit. Un violeur de Jasmine ne pouvait être homosexuel.

Arald se leva pour réconforter Luis, plongé dans une profonde mélancolie. Lui caressant la nuque, il annonça la fin du procès Voland :

— Ce fut un accident. Ce Jim Flemming ne peut être des nôtres. Le viol féminin n'est pas dans nos pratiques.

Barbara frappa la nappe de son poing.

— Alors libérez-le !

La porte d'entrée claqua. Dans un accord parfait, toutes les têtes se tournèrent, sauf celle du kangourou. Tel un éléphant dans un magasin de porcelaine, monsieur X s'invitait à la fête, arme au poing.

— Oui, vous allez le libérer et vite !

XLVII

ÉCOLE BUISSONNIÈRE

13 heures 35 - Vannes.

Pauline s'en voulait et Ben trouvait cela extra. L'école buissonnière, avec la bénédiction de sa mère ! Et puis voilà, patatras, le satané dessin le renvoyait sur les bancs de sa classe. Pourtant, langue tirée avec tous les crayons de couleur et les feutres en plus, il s'en était bien sorti. Carrément ressemblante, la fiancée de son oncle ! Tout y était, tellement comme elle que sa mère en avait eu un choc. Oui, le monstre dans toute sa splendeur. D'abord une superbe boule pour le corps et des bras accrochés, les pieds étaient venus après, sorte de poussée de croissance qui avait pris tout son temps, car le temps il lui en avait fallu pour bien former la grenouille toute verte sur la boule ! Sa mère ne comprenait pas bien : ces yeux de crapaud partout… Quel manque d'imagination ! Jasmine affichait des yeux globuleux sur son pull mais aussi sur son visage, deux gros ronds et les lunettes par-dessus et puis, plus de place pour faire le nez et la bouche. Alors, évidemment, cela n'aidait pas, une sorte d'ET. Enfin, avec les cheveux tout noirs, bien crayonnés, le serre-tête vert en feutre, doux comme le velours, il s'était racheté et elle avait applaudi.

Maintenant, l'œuvre dans sa main droite, elle le retenait de la gauche. Plantés dans la cour de l'école, ses copains allaient se moquer de lui. Non, ils avaient le ventre plein de pain. La cantine du vendredi, du poisson sans nom et sans arêtes qui s'agite dans l'assiette pour finir en boulette dans la mie. La raie, le bar ou la truite, son grand-père les nommait, la cantinière s'en contrefichait de cette science-là, elle vociférait : « Mange ton pané ! » Sans nageoires, pas comme la directrice avec sa bouche de goujon.

— Notre petit Benjamin va mieux, à ce que je constate, bulla mademoiselle Roussel.

Et voilà, une tape de plus sur sa tête martyrisée, une bien sèche de la directrice pour qu'il s'enfonce dans le goudron à jamais.

Sa mère reprit le contrôle en écartant son fils de la frappeuse.

— Bien mieux. Dès lundi, il réintégrera sa classe. J'ai un service à vous demander…

Mademoiselle Roussel tendit le cou : les services, elle n'appréciait pas beaucoup, cela sentait le débordement d'horaire, le « Juste quinze minutes après la classe ».

— …Auriez-vous vu cette jeune femme ?

Ben jubila, son chef-d'œuvre passait entre les doigts d'une experte en art.

— Oui, oui, oui… eh bien, non, je ne vois pas.

Ben s'égosilla :

— La dame des services… SOCIAUX !

Mademoiselle Roussel eut un haut-le-cœur. Ces services-là non plus ne lui plaisaient guère.

— Effectivement, je l'ai interpellée en pleine récréation, sortie de nulle part.

Ben tourna la tête, derrière la haie, c'était bien quelque part.

— Elle s'est entretenue à peine quelques minutes avec le petit. C'est l'institutrice qui a eu un doute. Ce n'est pas une pratique courante, cette intrusion. Alors, elle lui a demandé une pièce d'identité. Jasmine Milan, ainsi se nomme-t-elle, n'est plus jamais réapparue. Je vous certifie l'avoir expulsée.

Pauline resta interloquée, une inconnue s'était introduite dans l'enceinte et cette mademoiselle Roussel avait joué la carpe. Muette, faute professionnelle.

La directrice fit deux pas de côté, sentant la gifle à fleur d'air. Coupable mais pas téméraire. Pauline serra fort son fils tout contre elle et prit la fuite avec un regard haineux.

Dix minutes de course au pas de charge, Ben était exténué par sa sportive de mère et voilà qu'à peine rentrée à la maison, elle se jetait sur le téléphone, façon ogresse, toutes griffes dehors, déjà qu'elle avait forcé son père à boucler, lui aussi, sa valise pour Londres ! Ben la bouscula pour mettre le haut-parleur, chaud bouillant, juste le temps d'appuyer sur le bouton.

Sa mère hurla dans le combiné :

— Ton fils change d'école !

Ben imagina son père à l'autre bout, faisant la moue mais pas assez, juste de quoi lancer un…

— À la rentrée de septembre ?

— Non, dès lundi. Elle s'appelle Jasmine Milan.

Ses parents le gavaient à mort. Ben se replia dans sa chambre pour pleurer. Qu'est-ce qu'ils en connaissaient ces adultes à l'amour ? Lola, elle ne quitterait pas son école et lui si. Fini, il allait mourir d'amour, tout cela à cause des services sociaux !

XLVIII

CHAMBRÉES

13 heures 52 - Saint-Pierre-Quiberon.

Pelotonné tout contre son amant, Luis grelottait, frayeur glacée. Insupportable de rester ainsi cloîtrés dans cette chambre rose, de plus au second, et ces maudits volets électriques bloqués, ce démon avait coupé l'électricité. Faits comme des souris blanches de laboratoire ! Soudain, il reprit vie.

— La poularde !

— Quoi, la poularde ?

— Toujours sur le feu, immangeable !

— Luis, sincèrement ne crois-tu pas que nous ayons d'autres urgences à gérer ?

— Et toi, pourquoi n'as-tu pas réagi lorsque le gaillard a pris ton arme ?

Arald, muet, tout ratatiné à côté de Luis, ne se sentait plus l'âme d'un Gary Cooper.

— J'ai paniqué.

— Il va nous tuer… nous gazer. Je vais calfeutrer avec le couvre-lit les rainures de la porte.

— Bonne idée, comme cela nous mourrons pour de bon, asphyxiés et, en plus, dans un noir des plus profonds !

Dans la pièce située un étage plus haut, l'ambiance se faisait tout aussi pesante. Madame Brownsky rompit le silence :

— Madame Polard n'a pas pu tenir sa langue. Je ne vois pas qui d'autre savait que nous étions ici.

— Vous croyez qu'il va nous zigouiller ? questionna Jasmine.

— Par ta faute, nous nous retrouvons dans la pire des galères ! lui répondit Barbara.

Chacune prenait possession de son coin du fumoir, assise dans un fauteuil club repoussé dans un angle, à distance respectueuse des autres. Si l'inconnu aux intentions fort peu catholiques avait cru bon d'emprisonner la féminité en ce lieu, il ne se doutait pas que l'agressivité y aurait pris place.

Barbara cherchait du regard une issue et ne voyait qu'un empilement de boîtes à cigares, quelques meubles et deux tigresses.

Jasmine remontait inlassablement son serre-tête, tout en marmonnant :

— Barbara, je m'excuse, tu es toujours mon amie, hein que tu vas nous sauver et alerter le FBI ?

Idée lumineuse et aérienne, Barbara se précipita sur un escabeau en merisier. Le plaçant devant la lucarne, elle se mit à le gravir.

— Je vois la mer !

Dans le lointain, moutons, écume et voiles piquetaient le large. Jasmine s'en voulait d'être si petite. Sa Génius Barbara, elle au moins, dressait son beau minois, flairait l'air marin, l'iode, la liberté.

— Vous croyez pouvoir monter sur le toit ? s'inquiéta madame Brownsky.

— Moi oui, mais vous non.

— Certes, je pourrais rester coincée, probable, quant à notre mariée d'opérette, j'en ai la certitude. Barbara, allez-y, foncez, ne songez plus à votre blessure, simple éraflure. Que diable du cran !

Mariée d'opérette… Jasmine tambourina des pieds, en colère. Comment cette dame de cirque, grimée de paillettes, osait relancer son mariage de pareille façon ?

Rageuse, elle s'agenouilla et déclama à l'attention de Barbara :

— Rappelle-toi que, montant vers le Père éternel, tu ne peux pas nous laisser orphelines… Amen.

L'escabeau s'effondra, laissant Barbara un quart dans le vide. À la force des bras, elle se hissa sur le toit, s'extirpant de ce mauvais pas. Enfin libre, face à l'océan, la girafe frémit en plein vent. Les crochets des ardoises enfoncèrent leur fer dans sa chair, sa manche de chemisier se déchira et sa plaie se rouvrit. Grotesque, allongée sur une pente mortelle, Barbara glissait, souffrant atrocement. Son pied atteignit la gouttière, cela lui offrit un moment de répit. Front levé, la vision furtive de tous ces volets clos la glaça.

Seule… Si elle hurlait, l'homme armé allait s'apercevoir de son évasion. Jouer la fille de l'air n'était pas si simple. Comment suivre la gouttière, tel un chat dépourvu de griffes ? Elle cala son talon, cherchant appui sur le rebord en inox. Trois étages ! Cette sacrée demeure lui donna le tournis.

XLIX

SPY

14 heures.

Près de trente minutes que Jim attendait le glas. Lui et l'empaillé, seuls dans l'immense salle à manger et cette foutue pendule qui sonnait sa fin prochaine.

Monsieur X entra et fit le tour du propriétaire. Se figeant dans le dos de Jim, il renifla bruyamment. Jim sentait l'angoisse suinter par tous ses pores, peut-être que le tueur subodorait sa mort.

Frissons et liquéfaction de Jim, l'homme caressa le pelage râpeux du kangourou.

— Étrange, cette passion ! Je pensais qu'il n'y avait qu'elle qui s'entichait de cet animal. Bon, vous avez probablement faim, soif et puis il va falloir envisager un brin de toilette, vous empestez l'urine à plein nez.

Son portable vibra.

— Oui, il va bien, juste un peu sale… et vous, vous souffrez toujours autant ?

Jim sursauta. On parlait de lui mais qui demandait de ses nouvelles ? Qui souffrait ?

Monsieur X coupa court à la conversation puis balança une grosse claque au kangourou. L'empaillé s'affala.

— Saleté de bestiole, tout est de ta faute ! Son fils s'appelle Néan, Hélène Cornwell vous l'avait dit ?

Jim terrorisé, les yeux rivés sur le marsupial cloué au sol, fit non de la tête.

— Je l'aurais cru. Néan, bien pensé pour un être sorti des abysses du temps. Oui, elle avait réussi à la dénicher, sa perle rare, vingt ans de traque aux quatre coins de la planète, des expéditions dans le Mato Grosso, à la Lévi-Strauss comme elle aimait à le dire, et puis la révélation à Bornéo. Imaginez le périple, pas facile de passer les frontières avec ce genre de petit gars. Elle l'a récupéré en Australie. Maintenant, il vit près de Londres, enfin si vivre a un sens pour un singe.

Un détraqué de plus mais qui n'envisage pas de procès, veut uniquement me laver et m'annonce l'existence du fils d'Hélène Cornwell, de surcroît poilu. Jim comprit en une fraction de seconde que se focaliser sur le kangourou avait été son erreur. Le singe, voilà ce qui interpellait fortement madame Cornwell. Il secoua ses menottes.

— OK, j'ai saisi. Pas la peine de vous énerver, je vais vous les enlever.

Monsieur X se rapprocha de Jim.

— De quoi elle s'est entretenue avec vous au juste ? Moi, elle ne m'adressait que rarement la parole, vraisemblablement qu'elle me jugeait indigne… Une vraie femme à poigne, une meneuse de staff, une hautaine.

Lentement, monsieur X retira son gant en peau. Quatre doigts à la main droite.

Sur le toit, pour s'encourager, Barbara se persuadait qu'elle réussirait bien à descendre sans se fracasser sur la terre. L'urgence appelait le calme. Elle saignait et ne pouvait comprimer la plaie, ses mains étant trop occupées à reconnaître la gouttière. Elle se déplaçait par à-coups, prudemment. Au niveau du premier étage, le tuyau céda, elle atterrit avec fracas dans un buisson et s'évanouit.

À l'intérieur, monsieur X sursauta.

— Grabuge à l'extérieur ! Je vous passe l'enregistrement en attendant que je règle cela.

Monsieur X sortit de sa poche un dictaphone et l'enclencha.

Jim se retrouva à nouveau seul, avec son empaillé raide sur le carrelage. Le son démarra. Jim faillit avoir une attaque, son cœur s'emballa, le timbre de la voix d'Hélène Cornwell s'échappait de l'appareil :

— *Néan ne supporte toujours aucune chaussure. Son pied est si fort, tout comme ses mains. Ses avant-bras et ses jambes le classent dans la catégorie du "court sur patte". Ce petit trapu possède un large bassin avec une cage thoracique bien plus développée que celle d'un enfant dit "normal". Son sourire me laisse pantois. Son absence de menton me donne l'impression qu'il fait une mimique plus proche du rictus alors que je devrais l'assimiler à un sourire. Il me désarçonne, voire me dégoûte !*

— Et ses dents ?

Jim eut un choc, à qui Hélène Cornwell s'adressait-elle ainsi ? Pas à l'homme aux quatre doigts en tout cas.

— Comme nous, il est de la lignée humaine. Sa dentition temporaire de vingt dents a vite été remplacée par une permanente de trente-deux dents. Je lui ai fait passer des radios panoramiques. Le dentiste qui l'a examiné en a eu des sueurs froides. Plus puissantes et plus longues, ses incisives, canines et molaires en imposent.

— Les Esquimaux aussi ont de grosses dents… Vous auriez dû le prénommer « Spy »…

Hélène Cornwell se mit à rire. Jim comprit l'allusion.

— …Du nom de la grotte de Spy en Belgique, une sorte de clin d'œil. On y a découvert en 1886 un spécimen de Néandertalien, enfin des ossements. Bon, passons et son ADN ?

— C'est à l'École Normale Supérieure de Lyon que j'ai eu la première réponse. Elle est spécialisée dans la recherche d'ADN des fossiles humains et animaux. J'ai fait procéder à l'arrachage d'une des dents de Néan, puis je l'ai transmise à leur laboratoire. Le

biologiste en est resté fort perplexe, songeant à un canular. Il m'a déclaré que cette dent était un mystère. Il a parlé de vingt-sept paires de bases différentes, contre huit entre deux séquences équivalentes pour un homme.

Cette dent toute neuve ne pouvait pourtant avoir 30 000 ans ! Il a relevé trois mutations caractéristiques de l'homme de Néandertal et aussi un métissage probable. Les ancêtres de mon petit Néan avaient croisé la route d'Homo sapiens, néanmoins ce métissage se situerait dans une proportion extrêmement faible, avoisinant les 0,09 %.

— L'homme de Néandertal était bien européen…

— Je suis arrivé à la conclusion que les arrière arrière, et plus encore, grands-parents de Néan sont effectivement européens, de l'Ouzbékistan. Il est probable qu'un groupe de Néandertaliens vivant isolé en Europe, a été emmené en esclavage vers des contrées lointaines, il y a trois ou quatre mille ans…

— Théorie qui ne tient pas. Imaginons que ce groupuscule ait survécu durant des milliers d'années sans aucun contact avec des Homo sapiens, s'il avait été en relation avec ces derniers durant sa captivité, il aurait emmagasiné du savoir, ce serait "sapienisé". Non, ce groupe est parti de lui-même. Il y a des dizaines de milliers d'années, cette poignée d'aventuriers traverse le monde pour atterrir en Asie, trouve un moyen de gagner l'île de Bornéo et s'y établit. Par un concours de circonstances incroyables, leurs

descendants survivent jusqu'à aujourd'hui, reclus, sans jamais avoir vu un seul Homo sapiens. Les Néandertaliens qui sont restés en Europe ont tous disparu, il y a maintenant plus de trente mille ans. Ces derniers Néandertaliens de souche européenne ont survécu parce qu'ils ont quitté leur terre natale.

La bande sauta, laissant Jim totalement interloqué. Si ce Néan s'avérait être un Néandertalien, l'annonce de sa découverte bouleverserait le monde entier. Ce petit finirait disséqué par tous les scientifiques du globe… Non, Hélène Cornwell en avait déjà fait son affaire, son scoop, son exclusivité. Peut-être même qu'elle l'avait bel et bien dépecé…

Monsieur X fit irruption, portant Barbara évanouie, chemisier déchiré, maculé de sang frais.

— Alors, on voulait se faire la belle ?

Monsieur X, regard lubrique plongé dans le décolleté de Barbara, sourit de son jeu de mots.

« Quel crétin ! », songea Jim. « Elle se meurt encore une fois, cet obsédé la reluque et moi, je suis déplorablement impuissant ! »

— La bande, ça vous a plu ? Elle était dingue de son petit macaque, que Dieu ait son âme de pourrie… Bon, moi je ne tue que sur commande et là, cette grande et vous-même n'êtes pas dans mes projets immédiats…

Jim déglutit, la notion d'immédiateté ne lui plaisait guère.

Monsieur X s'empara d'une serviette et comprima la plaie de Barbara. Ensuite, il l'allongea à même le carrelage.

— Je vous laisse quelques instants avec elle, je vais chercher mes outils.

Épouvantable pour Jim, l'assassin d'Hélène Cornwell se déplaçait avec ses ustensiles de torture et la jeune évanouie n'imaginait même pas le sort que lui réservait son prétendu sauveur.

— Ah, cette fichue bande, elle a claqué, je vous la réenclenche pour patienter. Vous devez savourer en tant que spécialiste d'australopithèques et compagnie. Je reviens très vite.

Barbara râla, Jim tendit l'oreille.

— J'ai engagé un groupe de chercheurs pour m'éclairer, composé de préhistoriens, de spécialistes de biologie moléculaire et même d'experts en paléoanthropologie virtuelle.

— Qu'ont-ils annoncé en le voyant ?

— Diantre, me croyez-vous suffisamment crédule pour le laisser entre leurs mains. Non, il est à moi, rien qu'à moi !

— Je me sens flatté d'être dans le secret et fort intrigué... Madame Cornwell, un enfant néandertalien se développe-t-il de la même façon qu'un petit Homo sapiens ?

— Nullement, son développement est plus rapide. Sa tête et sa boîte crânienne plus grandes, ses dents et son squelette sont plus rapidement matures. Néan

n'a que cinq ans et plus une seule dent de lait. Il est déjà costaud, trapu avec des membres courts et massifs au vu de son tronc. Dès à présent, il recèle toutes les caractéristiques de son groupe. Je suis allée aux États-Unis, à l'Université Washington de Saint-Louis. Là, j'ai eu la confirmation qu'il ne pouvait être qu'européen.

— Mais où s'arrête l'Europe ?

— Remarque fort pertinente, je me suis entretenue avec un chercheur du Muséum national de Géorgie. Aux portes de l'Europe, à Dmasini, on a découvert des restes de plusieurs individus datant de 1,8 million d'années… Jamais on n'avait pu comparer l'ADN d'un Néandertalien à celui d'un Homo sapiens. Les généticiens viennent de trancher. Ce n'est pas un Homo sapiens. Ce sont bien deux espèces différentes. Néan en est la preuve.

— Est-ce que l'homme de Solo et celui de Flores seraient les équivalents asiatiques de l'homme de Néandertal ?

— Supputation, lui Néan est bien réel, il est "The Last", *le dernier homme de Néandertal.*

— C'est un grand pas pour la science !

— Non pour l'humanité, mon cher ! Sir Bret, encore une larme de ce merveilleux brandy ?

— Volontiers.

La voix s'interrompit, Jim analysa la situation. Barbara gémissait, monsieur X ne revenait pas, cet enfant néandertalien était un objet pour la science et lui devait se ressaisir au plus vite. Subitement, se révéla à lui une mince opportunité : faire basculer sa chaise. Jim tangua tel un bateau ivre et se retrouva à terre. Rampant avec sa carapace accrochée sur le dos, il poussa du menton la patte du kangourou. L'oreille contre la poitrine de Barbara, il écouta sa respiration. Elle sentait fichtrement bon la lavande ! Donnant un léger coup de reins dans la cuisse de la belle demoiselle, il agissait. Barbara ouvrit les yeux et le visage de Jim Flemming lui apparut, démesuré, scotché à droite de son oreille. Dans un mouvement brusque, elle le repoussa.

— Qu'est-ce que vous faisiez ?

Au ras du sol, Jim soudé à sa chaise, adhésif sur les lèvres, ne pouvait s'exprimer.

S'agenouillant, se tenant les côtes, Barbara reprit ses esprits et cria :

— Vous me croquiez l'oreille, espèce de croque-mort ! Qu'avez-vous à répondre ?

Elle lui arracha le sparadrap d'un coup sec.

— Vite, fuir, il va revenir ! vociféra Jim.

— D'accord, mais je n'ai absolument aucune confiance en vous. Donc, je vous mets en lieu sûr et je m'échappe, seule. Juré, je reviendrai en force.

Passant de la parole à l'acte, Barbara recolla la bande adhésive. En grimaçant, elle fit rouler la chaise et son occupant, donnant des coups de pieds, tout en s'excusant.

Elle n'aimait pas faire souffrir, même si cela était un mal pour un bien.

Jim se retrouva coincé dans le placard sous le grand escalier. Elle s'apprêtait à refermer la porte lorsqu'un coup de feu retentit, provenant du jardin. Barbara n'hésita pas une seconde, elle poussa Jim pour se loger à ses côtés. Refermant le placard de l'intérieur, son index sur les lèvres, elle murmura :

— Chut… Vous ne trouvez pas que cela sent le roussi ?

L

JARDIN

À l'extérieur, la tête de monsieur X avait heurté violemment le hayon arrière de sa voiture de sport. Déstabilisé par le choc, il s'était instantanément effondré sur le gravier.

— Ton coup de clé à molette l'a occis ! s'esclaffa Luis.

Il embrassa tendrement Arald sur la joue. Petit bisou pour un grand acte. Son roi des clés avait réussi à faire sauter le verrou de leur geôle puis à frapper le Méphistophélès. Fini la star de western, entrée en scène d'Arsène Lupin.

Arald pesta :

— Mais qu'est-ce qu'il t'a pris de tirer ? Tu voyais bien que j'étais déjà intervenu…

— J'ai vu l'arme à terre… et le coup est parti tout seul.

— Un héroïsme peu à propos et cesse de pleurnicher, personne n'est touché.

— Le pot d'échappement…

— OK, troué, une balle dans le tuyau. Maintenant, donne-moi le colt de ce monsieur, tu risquerais de te blesser.

— Que vas-tu en faire ?

— Bien à l'abri sous le cric. Aide-moi à porter ce costaud, nous allons l'enfermer dans le coffre, lui aussi.

Efforts surhumains. Les deux tourtereaux agirent dans une griserie excitante.

— Luis, je finirai seul de le caler et puis il respire encore. Tu peux t'en aller, vaque à tes occupations !

— Voilà, voilà… je retourne aux fourneaux.

Luis tapota le cadran de sa Rolex, présent de son aimé.

— Deux heures et demie que ma poularde se languit. Je vais la retrouver dans un de ces états !

Luis partit dans des mouvements de bras, peu amples, nettement hystériques.

— Respire, reprends ton souffle, calme-toi ! Notre tueur va bien vite se reposer dans son coffre et ta poularde se calcine au four. Allez, cours la rejoindre !

— Je vole.

Luis eut un petit rire nerveux et battit des ailes, mimant le décollage d'une oie en surcharge pondérale.

— Ce que je l'aime, ce gros dindon… chuchota Arald.

Luis n'entendit pas la déclaration d'amour, il s'envola jusqu'à la maison.

En entrant dans la salle à manger, Luis frétillait.

— Coucou, où êtes-vous ? Madame Brownsky, Barbara, Jasmine…

Il attrapa le tablier, l'attacha sur ses hanches et se mit à débarrasser les assiettes pour passer au plat de résistance.

— Allez, vous pouvez descendre. Le méchant est au frais !

Il pouffa.

— Refroidi… Ma poularde, calcinée et elle aussi refroidie.

Sous l'escalier, Barbara frissonna. Se rapprochant de Jim replié en position fœtale, elle susurra :

— Ce type, ce Luis, est un grand malade, tout comme son partenaire. Mieux vaut rester discret.

Jim cligna des paupières en signe d'acquiescement.

LI

FRED

14 heures 50.

Bottes bleu marine sous les narines, Jim respirait le caoutchouc salé. Ciré jaune contre la joue, Barbara frôlait le vêtement de mer. Inconfort des manches d'épuisettes dans le dos… tous deux se retrouvaient à l'abri du marin tandis que Luis s'affairait en cuisine.

Barbara murmura :

— Les grandes marées sont des événements récurrents qui aèrent les épuisettes remisées au grenier…

Jim pressentit la confidence, quelque peu décalée vu les circonstances. Barbara inspira profondément.

— Le matin de la grande marée de cent, Fred et moi avions sorti nos épuisettes, une petite et une grande. La grande se serait bien promenée sous les roches du large, celles que l'on ne voit apparaître qu'à fort coefficient, mais la petite préférait les mares. Les deux complices se mirent à fureter sous les algues, à mi-marée. Les crevettes se faisaient rares et bien maigres dans ces trous d'eau, mais cela convenait à Fred, plus à la recherche de minuscules poissons et de crabes que de bouquets bien gras. La grande trépignait et ne ramenait que du goémon, quand survint un bernard-l'ermite, collé au fond de la petite toile de coton. Les doigts de Fred le déposèrent sur un rocher, avec mille précautions. Il me dit joyeusement : « Regarde, un bernard-l'ermite ! » Si ce genre d'animal n'a aucun intérêt pour le pêcheur, ne pouvant agrémenter un plateau de fruits de mer, néanmoins il peut s'étudier. Fred commença à tenter d'attraper les pinces de l'animal blotti dans sa carapace. Plus il insistait, plus les appendices s'enfonçaient. L'esprit de survie face au géant faisait de notre bernard-l'ermite un méfiant. L'ogre voulait le débusquer pour le disséquer. La bête avait trouvé logis dans la coquille pointue d'un bigorneau, le délogeant pour prendre son nid. Maintenant, elle s'y trouvait fort à son aise, mais un coquin voulait l'en extirper à son tour. « Un bernard-l'ermite vit dans la coquille d'un autre », dis-je à Fred, histoire de donner une touche de cours de biologie marine, pédagogie maternelle oblige, à notre pêche infructueuse.

Jim plissa son nez, ainsi cette grande épuisette était à elle, Barbara, et Fred était son fils.

— Je le savais, me rétorqua Fred, tout en titillant le crustacé apeuré.

Alors, j'ai médité… pensant à tous ceux qui vivent dans la coquille des autres, pas uniquement le coucou ou notre bernard-l'ermite mais certains de mes amis qui se nichaient volontiers dans le nid des voisins. Je songeais à de prétendus amis qui, le jour précédent, m'avaient demandé de venir nidifier chez moi. Mon habitat était jugé fort grand pour une personne célibataire avec enfant qui, de surcroît, absente pour cause de travail, ne l'occupait que pleinement la nuit. L'été à la mer, une coquille vide ne sert à rien, ils me suggéraient de leur prêter la mienne. Me souvenant du mois d'août de l'année passée lors duquel un couple de bipèdes m'avait extirpée tout en douceur, je leur avais répondu poliment par un non sans explication, me plaçant du côté des bigorneaux. Fred, désespéré de ne pouvoir sortir de sa cache l'arthropode, le délaissa puis se retourna vers moi et me lança : « Les bernard-l'ermite, ça ne se grignote pas, je vais chercher des bigorneaux ! » De retour sur la plage, Fred m'offrit ses prises avec un « Maman, tu vas te régaler. » Le soir même, j'allais discrètement rejeter les mollusques pointus à la mer. J'aurais eu l'impression de faire cuire mes congénères. Il y a quatre ans, j'habitais ici même à Saint-Pierre-Quiberon avec mon fils, il aurait eu… neuf ans.

Jim, la larme à l'œil, avait une envie folle de la prendre dans ses bras pour la consoler. Son anecdote transpirait la douleur d'un bonheur irrémédiablement perdu.

Un jour, pourrait-il lui dire : « Barbara, que vous êtes belle ! Ben vous qualifierait de princesse. Avez-vous d'autres enfants, un mari ? »…

Bouche close, Jim, recroquevillé sur sa chaise, sut enfin ce qu'il voulait vraiment, au plus profond de ses tripes, avoir un fils. Si, jusqu'à présent, il ne s'était jamais pleinement engagé dans une relation amoureuse, c'était parce qu'il était mort de trouille. Comment fonder une famille alors que soi-même on a été rejeté par la sienne ? Son passé d'enfant abandonné lui avait collé à la peau durant toute sa vie d'adulte. Tourner la page, être père, aimer pour de bon et ne plus fuir. Était-il déjà trop tard pour réagir ? Son horloge biologique se mit à carillonner.

La comtoise de la salle à manger sonna trois coups. Barbara comprima sa plaie.

— Et puis mourir, c'est peut-être mieux ainsi… Un coup du destin qui m'a ramenée ici, sur Saint-Pierre-Quiberon. On ne vit plus, on survit. Jasmine, elle, vous a trouvé pour vous dévorer, vous coller une muselière. Dérangée certes, mais elle a un besoin vital d'amour, comme tout un chacun, à en crever…

Barbara sombrait, Jim aurait tant voulu la serrer tout contre lui !

LII

MADAME POLARD

15 heures 15 - Vannes.

Son père de bon conseil, avait fait comprendre à Pauline que la police piétinait tout en étant férocement active. Si des brigades de deux pays, extrêmement bien armées pour ce type d'affaire, s'emmêlaient les pinceaux, elles n'en surveillaient pas moins tous les proches du principal suspect. Pauline confia Ben à la famille Rotier, les parents de la petite Lola, puis se faufila par la sortie de leur domicile, côté garage. Perruque blonde, souvenir d'une fête costumée, Marilyn Monroe rasait les murs de la ruelle. Lunettes aux verres juste teintés pour ne pas en faire trop, elle se dirigea vers la résidence de mademoiselle Milan d'un pas décidé.

Elle n'eut aucun mal à localiser l'immeuble mais trouva la porte de l'appartement de Jasmine close. Alors qu'elle redescendait, elle croisa dans l'escalier une femme, valise à la main. Cette charmante, du nom de Polard, se montra fort loquace.

— Alors, ne vous inquiétez plus ! Mademoiselle Milan est sur la presqu'île de Quiberon pour le week-end, avec son amie Barbara, madame Brownsky et les petits messieurs du second. La jeunesse les rattrape tout comme moi, ils s'encanaillent et font une virée groupée en bord de mer.

— Où exactement ?

— Sur Saint-Pierre-Quiberon, dans ma villa. Madame Brownsky en dispose à sa convenance. Les enfants et les petits-enfants sont d'une ingratitude… Mes vacances balnéaires se transformaient en un véritable calvaire. Imaginez l'intendance, douze à table, à toute heure ! Ce temps est bien révolu, j'ai mis le holà ! Désormais, j'excursionne tandis que mes amis profitent pleinement de la vue sur la baie. Mieux, ils m'invitent et je mets les pieds sous la table. Inimaginable avec sa descendance…

— Avez-vous vu Jasmine Milan, avant son départ ?

— Non, je rentre tout juste de voyage. C'est madame Brownsky qui m'a appris la nouvelle, par téléphone. D'ailleurs…

— Quoi d'autre ?

— En plein aéroport de Nantes, les bagages défilaient sur le tapis et madame Brownsky qui me demande de lui remémorer notre séjour australien du début d'année, nos péripéties à Sydney, des détails croustillants sur une adoption par une personne croisée là-bas…

— A-t-elle fait allusion à un certain Jim Flemming ?

— Ce nom ne me dit rien.

— Merci pour ces précieux renseignements. Je n'arrivais pas à joindre Jasmine, sans doute un problème de batterie sur son portable et, a priori, je m'inquiétais pour rien. Une dernière chose, l'adresse exacte…

— Mieux encore, je peux vous y conduire… Je vais faire une surprise à mes amis en débarquant à l'improviste !

Inespérée, la proposition de cette charmante dame tombait à pic pour Pauline. Pas de véhicule et elle lui proposait de l'emmener à Saint-Pierre-Quiberon.

— Excellente idée, si ce n'est pas trop abuser de votre temps…

— Nullement, je dois toutefois vérifier les verrous avant de repartir. Un agent de sécurité m'a évoqué un cambriolage dans un commerce voisin, je venais d'arriver, il y a bien deux bonnes heures. Je suis une véritable tortue, voyez, je termine juste de monter ma dernière valisette… Nous ne sommes plus à l'abri de rien de nos jours. D'ailleurs, ce gaillard m'a dit que les résidences secondaires pouvaient se retrouver, elles aussi, pillées. Heureusement, je l'ai vite rassuré, si je suis propriétaire d'une villa sur Saint-Pierre-Quiberon, j'en ouvre volontiers les portes à mes relations de toute confiance, comme je viens de le faire, sans toutefois être l'instigatrice de ce fait. Les volets clos attirent les voleurs, mieux vaut aérer. Cet expert en effraction m'a félicitée pour ma clairvoyance.

Pauline se mordit la lèvre.

Vingt minutes plus tard, madame Polard s'exclamait :

— À votre droite, l'île de Téviec !

Madame Polard actionna le bouton d'ouverture de la vitre électrique, côté passager.

— Sentez l'air iodé. Nul autre parfum ne me ravit autant !

Dynamique, la septuagénaire roulait à vive allure, se contrefichant des dépassements de vitesse autorisée.

— Ces satanés points, plus que six sur mon permis de conduire ! Mieux, Anne-Honorine, ma petite-fille, m'a suggéré de lui en rétrocéder quelques-uns. Qu'est-ce qu'ils croient ces jeunes, que Bonne maman se promène en déambulateur ? En Australie, nous avions loué un cabriolet comme celui-ci mais mordoré, couleur du chignon de madame Brownsky.

Petit rire de la pilote et passage de la quatrième en plein virage, Pauline s'enfonça dans le siège baquet.

— Donc, madame Brownsky envisageait de s'offrir un minuscule diamant, de quelques carats, et puis ce chasseur m'a vivement interpellée, j'ai tendu l'oreille, effarée par son accent fort peu académique. Une histoire de bagages égarés… L'Australie est un pays aux vastes dimensions, tout comme les dalles de marbre de l'hôtel… et puis… ah oui, la femme d'affaires, une Anglaise, trépignait d'impatience dans ce hall. Pressée, fort énervée, secouant son landau tant et mieux, la dénommé Cornwell…

— Hélène Cornwell ! s'exclama Pauline.

— Oui, celle qui intéresse au plus haut point madame Brownsky. Vous la connaissez ?

— Absolument pas, poursuivez…

— Elle tentait de calmer les grognements sonores de son enfant, Néan. Je me suis penchée pour entrapercevoir le bambin et là, stupeur ! Le front fuyant, les yeux révulsés, pas beau à voir, et aussi ce fort bourrelet au niveau des sourcils et cette absence de pommettes… absolument aucun air de famille avec le père.

Pauline pensa immédiatement à son fils. Que faisait Ben ?

LIII

LOLA ROTIER

Sur Vannes, Ben souriait béatement, vampirisé par la photo de “Boucles d’or”, radieuse sur le buffet bas de la cuisine. Qu’est-ce qu’elle était belle, Lola Rotier ! En plus, sa maman ne travaillait pas. Ainsi, cela existait des mamans qui ont tout le temps pour brosser les cheveux de leur fille, leur faire des couettes, placer des barrettes pailletées sur leurs mèches. Sa Lola était une beauté parce que sa mère prenait quinze minutes chaque matin pour lui choisir la robe qui va bien avec les socquettes parfaitement assorties. La sienne à lui, courait le cent mètres en un temps record, une athlète des escaliers gravis quatre à quatre, une sprinteuse de supermarché, une lanceuse de packs de lait. Cette semaine, même sans halte au bureau, elle venait de le jeter sur le paillasson des Rotier avec une bise éclair, perruque de clown de travers.

Madame Rotier interpella Ben :

— Mon petit, tu veux quoi pour ton quatre-heures ?

Le garçon fixa les aiguilles de sa montre. Le goûter avait de l’avance.

— Un coca.

— Avec du gâteau au chocolat fait maison ?

Voilà, la mère de Lola pâtissait et son amoureuse arborait les rondeurs de la plénitude. Ben lui aussi voulait grossir.

— Mon oncle, un meurtrier, va se marier avec la dame des services sociaux.

En une phrase, tous les mots avaient pris bonne place.

Madame Rotier laissa choir sa cuillère en bois dans l'évier.

Ben, nullement perturbé, attrapa une part de gâteau. Glacé, le nappage chocolaté s'écaillait en douceur, fondait sous sa langue.

Madame Rotier retira son tablier.

— On va aller chercher Lola à l'école.

Bouche pleine, le petit gourmet s'esclaffa :

— Non ! Mademoiselle Roussel, la donneuse de coups sur la tête, je ne veux plus la voir !

— Et Lola ?

— Oui… je l'aime. Quand je serai un peu plus grand, je pourrai demander quelque chose à monsieur Rotier ?

— Bien sûr, tu peux même me soumettre l'idée dès à présent, alors quelle demande ?

— La main de sa fille.

Madame Rotier partit dans un grand éclat de rire, son chemisier à fleurs en frémit. Aux environs de 17 heures, les boucles blondes de Lola faisaient tourner la tête de son fiancé de sept ans. Lisser les dix poils de mammouth, là se nichait l'amour, dans ce partage intime, au creux des coussins du lit de Lola. Elle aussi avait eu sa poignée et à quarante euros sur Internet. Bientôt, Ben lui ramènerait ses poils de pachyderme personnels pour que la brosse de sa fiancée s'affole sur une touffe plus conséquente, venue de la glace de Sibérie.

Dans le bureau, madame Rotier époussetait nerveusement les bibelots, elle s'impatientait. Devait-elle laisser un message sur le portable de la maman du petit Ben ? Dès que son mari rentrerait du travail, ils aviseraient ensemble de la conduite à tenir si la mère ne donnait aucun signe de vie.

LIV

HOROSCOPE

17 heures 04 - Saint-Pierre-Quiberon.

Dans la salle à manger de la maison du bord de mer, l'ordre se rétablissait en petit comité. L'annulaire de Luis se mit à parcourir la page Horoscope d'un magazine. Il espérait que cet intermède astral ferait oublier sa poularde, déplorablement sèche. Posée sur la table, pratiquement intacte, elle le narguait de ses ailes noires.

Il interpella madame Brownsky :

— Quel est votre signe ?

— Capricorne !

Luis lécha son petit doigt, songeant au volatile si peu goûtu, même le kangourou avait joué le dédaigneux. Il s'éclaircit la voix.

— « Le ciel de cet été, vous pousse à ne faire que ce qui vous plaît. Cassez la routine, pimentez le quotidien, plongez-vous dans des eaux trépidantes. »

— Et l'amour dans tout cela ? renchérit madame Brownsky.

— « Mars et Uranus font pétiller votre cœur. »

Jasmine s'agita sur sa chaise.

— Et pour moi ? Je suis Vierge, troisième décan.

— Voyez-vous, l'accroche me semble pertinente : « Une période chaotique ». Vous allez avoir du mal à vous adapter à un revirement de situation inattendu, quant au sentiment, mariage en perspective pour les célibataires. À moi, maintenant. Pour les Sagittaire, j'annonce : « Vous êtes les reines ».

Arald tressaillit, bombant sa chemise, cintrée à souhait.

— Publication féminine datant de l'année... écoulée.

— Revue de filles qui me convient royalement. Donc je poursuis : « La séduction vous tiendra lieu d'atout choc mais attention aux frasques de votre conjoint ! » Arald qu'as-tu fomenté l'été dernier à Ibiza ?

— Luis, tu es une caricature de fille à la puissance dix... Qui laisse traîner son dictaphone ?

Dans le cagibi, Barbara murmura :

— Je suis Scorpion et vous ? Si je vous retire l'adhésif, vous n'allez pas crier, ils pourraient nous débusquer, ils nous ont complètement oubliés. Incroyable !

Par touches, Barbara décolla le sparadrap. Jim chuchota :

— ...Verseau.

Elle reprenait du poil de la bête, cet horoscope plut à Jim. Perdre un enfant, la plus écœurante des injustices, il songea à Ben, effroyable ! Et puis Néan, lui aussi était un gosse…

Arald appuya sur le bouton du magnétophone. Tous tendirent l'oreille.

— *Bzzz… Il y a cent mille ans, l'homme de Néandertal et Homo sapiens partageaient la même culture. Quant à l'homme de Flores, il vécut sur cette île d'Indonésie jusqu'à il y a vingt mille ans et l'homme de Solo, son voisin, sur Java. Ce dernier s'était éteint environ soixante mille ans auparavant.*

— Qui sont tous ces mâles ? s'esclaffa Luis, en lâchant son magazine.

— Chut ! pesta Arald.

— *Concernant l'homme de Néandertal, ce roi parfaitement adapté à son environnement terriblement froid, il peuplait avec ses congénères toute l'Europe et le Moyen-Orient. Rustre mais aussi bon chasseur, talentueux tailleur de pierres, compagnon secourable, il enterrait ses fils et ses femmes… L'inhumation permet d'affronter le stress lié à la perte d'un être cher.*

Sous l'escalier, Barbara se retourna, enfonçant sa bouche dans la poitrine de Jim pour ne pas hurler.

— *Et puis, les hommes de Cro-Magnon sont arrivés de ce même Moyen-Orient pour les supplanter.*

— *Pourquoi ont-ils disparu ?*

— *Différents scénarios possibles, madame Cornwell.*

Arald coupa le son d'un geste brusque.

— C'est la meilleure ! La morte s'invite à notre petite fête entre amis. Mais où diable est passé Jim Flemming ?

Que ce Jim se soit éclipsé ne déplaisait pas à Luis. Arald portait un intérêt suspect à cet appolon. La jalousie le tenailla soudain.

— Nous sommes bien mieux entre gens de bonne compagnie. Prenons le café sur la terrasse, voulez-vous ? Ainsi parla Luis.

Il se leva et alla ouvrir en grand la baie vitrée donnant sur le jardin.

— La vue est merveilleuse, à peine quelques cumulus, boules de coton des jours de soleil. Qui a dit qu'en Bretagne, il pleuvait souvent ?

— Pas moi, nous bénéficions d'un microclimat ! affirma madame Brownsky.

Jasmine sortit, le kangourou sous le bras, et leva les yeux au ciel.

— Jésus Marie, quel temps béni des saints ! Je n'aperçois pas Barbara sur le toit, serait-elle descendue ? D'ailleurs, Jim se carapate, lui aussi… Ensemble, elle me l'a chipé ! L'horoscope ment. Mensonge de cette maisonnée !

Elle se roula dans l'herbe, frappant l'empaillé, match de catch en robe de mariée.

Arald se précipita pour se jeter sur la furie, tentant de sauver le kangourou. Trop tard, une patte gisait à terre.

Dans le réduit, Barbara comprit que l'instant était magique.

— Tous dehors, c'est le moment parfait pour filer d'ici.

— Détachez-moi !

Les longues jambes de Barbara s'avéraient un sérieux handicap pour délivrer Jim. Elle s'empêtrait dans les cordages.

— OK… Pour les menottes, on verra plus tard.

La porte du placard grinça, le couple s'extirpa de sa cachette, plié en deux. En catimini, puis beaucoup moins, ils détalèrent vers la sortie, pour stopper net dans l'allée, devant la voiture de sport. Barbara regarda par la vitre.

— La clé est restée sur le contact, une chance phénoménale !

Le moteur ronfla puis pétarada. Dans le coffre, monsieur X gémit. Barbara enclencha la marche arrière.

LV

BOULANGERIE

17 heures 15.

Muets, ils roulèrent en direction du bourg de Saint-Pierre-Quiberon. Dépassant le port, Jim parla enfin :

— Je plaide non coupable.

— Cette femme, Hélène Cornwell… était votre maîtresse ?

— Oui.

Barbara tressaillit, la voiture de sport ralentit. Jim baissa la tête, frictionnant ses poignets bleuis par ces insupportables menottes. Ses pieds écrasaient un manuscrit.

Le cabriolet qui leur faisait face pila devant la boulangerie.

— Une petite douceur, un flan pour mes invités, énorme et bien jaune.

Madame Polard sur cette annonce faite à Pauline, vit les occupants de la voiture de sport qui s'engageait à contresens dans la rue. Elle s'exclama :

— C'est lui le père !

— Qui, où ?

— Dans le véhicule, juste face à nous et de plus avec Barbara.

Quart de seconde qui balaie les miettes sans en laisser une seule, Barbara embraya, Pauline aperçut Jim et faillit s'étouffer.

— Son nez ! C'est lui le père et le nez de madame Cornwell. Quel étrange concours de circonstances !

Sur cette consternante affirmation, madame Polard sortit précipitamment du cabriolet, pressée de papoter avec sa boulangère adorée. Son mari aux doigts d'or pâtissait des flans à damner tous les saints bretons.

Cinq minutes plus tard, elle tentait de calmer Pauline qui voulait absolument lui chiper ses clés.

— Bon, Mademoiselle, ne vous agitez pas de la sorte. L'Australien s'est volatilisé avec une jolie femme, et alors ? Ayez l'obligeance de prendre le flan et de le caler correctement à l'arrière. Votre amie Jasmine va en faire une drôle de tête et madame Brownsky, ses ridules vont s'en voir contrariées… de joie en nous voyant ?

Pauline s'énerva :

— Pourquoi avez-vous dit son nez ?

— Je précise, son nez d'or, parce qu'il conçoit ses effluves. Madame Cornwell parfume la planète de son affairisme. L'homme que nous venons de croiser, apparition cocasse d'ailleurs… Enfin, il l'accompagnait à Sydney. Ce monsieur travaille dans son ombre, un laborieux en blouse blanche, un génie. Sa dernière création, modèle de sobriété, flacon de verre bleuté, note boisée, parfum automnal mis sur le marché par la société Cornwell, baptisé d'un double chiffre : « 69 ».

Pauline sursauta, 1969, l'année de naissance de Jim…

Madame Polard frétilla.

— Je sais tout cela parce que je suis curieuse de nature… Après les avoir incidemment croisés l'hiver dernier, j'ai mené ma petite enquête… Quelle époustouflante invention cet Internet !

« Erreur sur la personne », songea Pauline. Un sosie de Jim voyageait en Australie avec madame Cornwell, fait toutefois extrêmement perturbant.

— OK et pourquoi avoir annoncé qu'il était le père ?

— C'est elle qui a murmuré « notre fils », dans le hall de l'hôtel. Enfin, à dire vrai, adoptif.

Jim voulait un fils… Pauline était certaine de cela. Et si c'était bien Jim, ce nez ?

LVI

LE DRAME DE BARBARA

17 heures 20 - Kerhostin.

Barbara gara la voiture de sport dans l'allée. Les mauvaises herbes avaient totalement envahi le jardin.

— Voilà, nous sommes chez moi.

La minute de silence fut solennelle, Jim brisa le miroir du passé.

— Six mois déjà, un petit bonhomme haut comme trois pommes me faisait prendre conscience de ce que j'étais devenu, un empaillé comme le kangourou. Des billes de verre à la place des yeux, je ne voyais plus le monde, je me laissais glisser sur la pente de la soumission. Vie professionnelle sans intérêt et côté personnel, le vide. Pas d'amour, plus de but. Alors, j'ai démissionné, espérant me libérer de mes entraves, mais ce fut tout le contraire.

— Cet enfant est votre fils ?

— Non, mon neveu. Pas de femme, aucunement père et… Hélène Cornwell…

— Vous l'aimiez ?

— Comment en aurais-je eu le loisir ? Quelques heures avant qu'elle ne soit assassinée, je ne la connaissais même pas. J'étais un gigolo, payé pour lui donner du plaisir, mis entre ses griffes pour endosser son meurtre, que je n'ai pas commis. Je crois qu'il a fait le bon choix, l'assassin : un looser comme moi, cela ne court pas les rues.

— Ainsi, vous êtes un prostitué ?

Énorme, ce qualificatif renvoya à Jim le répréhensible dans toute sa splendeur. La prostitution avilissante qui sous-entend maquereau, pauvre type, mafia, esclavagisme. Là non, aucune roulotte ou terrain vague, pas de cabriole à l'arrière d'un break, juste deux adultes consentants. Il lui fallait redorer son image.

— Disons plutôt que je m'essayais au métier d'escort-boy…

— Hormis pour Pretty Woman, ce type de job ne se termine que rarement bien. Et Jasmine, une de vos clientes ?

— Non ! Une erreur de jugement, je venais de découvrir dans la presse le meurtre d'Hélène Cornwell et, comme j'avais passé le début de la nuit avec elle, juste avant son assassinat, je me savais le coupable idéal. Alors, j'ai tenté de contacter Peter Voland, mon entremetteur… En vain : il venait à son tour de trouver la mort… Je ne suis pas parano mais j'ai carrément perdu la tête. Je devais fuir et je tombe sur votre amie, je me suis réfugié chez cette inconnue… Ensuite, cauchemardesque : elle m'a enfermé et vous a tiré dessus.

— L'avez-vous menacée… contrainte ?

— Uniquement à me conduire chez elle mais jamais je n'ai eu une quelconque intention de la maltraiter. Voilà, il y a six mois, je voulais voyager, prendre l'avion avec Ben pour l'emmener au bout du monde et tomber amoureux de l'hôtesse de l'air. Pauvre…

— Pas l'avion ! hurla Barbara.

Tremblante, elle sortit du véhicule.

— Je vivais dans cette maison avec Fred. Quatre ans que la clé prend la mousse sous un pot de géranium et que la poussière recouvre mes souvenirs.

Barbara retrouva le trousseau et entra, Jim à sa suite. Elle ouvrit les volets en grand. Le soleil inonda les draps de coton blanc qui recouvraient les meubles.

— L'avion ? demanda Jim.

Barbara s'écroula sur le sofa, Jim appuya son épaule sur le rebord de la cheminée en pierre. Elle se mit à parler, pour elle-même :

— Rituel d'aéroport… Au micro, une voix féminine annonce l'embarquement imminent pour le vol 6007K de la "Caraïbes Air Line". Les passagers se massent aussitôt devant la porte pour embarquer. Cancun appelle leur destin, moi, je ne bouge pas… Verlaine a écrit : « Bah ! Malgré les destins jaloux, mourons ensemble, voulez-vous ? La proposition est rare. »

Le silence pesait sur le temps, Jim, menotté, se sentait impuissant face à cette tragédie contée. Barbara revivait au présent.

— Sur mon siège, je déguste à leur juste valeur mes derniers instants sur la terre ferme. Soudain, je tremble. Quelle rime aurait choisi le poète, pour un mot si lourd à supporter, celui de peur ? Son style concis aurait su décrire ce que je n'arrive qu'à ressentir. Angoisse si commune et si originale parce qu'elle se vit dans le ventre, le sien et pas celui de quelqu'un d'autre. Panique à l'idée de prendre l'avion, comme des millions de gens, tous ceux qui ne le disent pas et ne le prennent pas, tous ceux qui le prennent et ne le disent pas, tous ceux qui ont mal en dedans. La transpiration fait parler mon corps. Des gouttes de sueur mouillent ma nuque, me susurrent à l'oreille de faire demi-tour, de hurler de sortir nos valises de la soute… Mais voilà, je suis une adulte qui se contrôle, une maman qui se tient droite, se cale inconfortablement sur son séant, dans cette salle “aquarium”. Frayeur prémonitoire, j'attends le signal de ma mise à mort. Pas question qu'une hôtesse m'intime quoi que ce soit, seul un ordre jeté par Hubert me donnera le courage de me lever. Imperturbables, debout face à moi, ils se dressent, mon fils et son père. Rien, ils conversent sur tout et n'importe quoi, sans rien voir, ni ma mine décomposée ni le brouhaha d'une foule surexcitée. Préparation mentale à l'action, je jouis du fait que nous serons les derniers à monter à bord. Je me délecte de ce moment, savoureux parce qu'il s'épuise au fil des secondes. Ce vol fut l'ultime pour eux, mais cela, je ne le sais pas encore.

Jim grinça des dents, il se devait d'écouter et surtout ne pas l'interrompre.

— Je découpe les minutes en tranches de bonheur. Regard pesant sur eux, mon fils et mon ex-mari. Fred, le lilliputien et son père, ce géant. Le petit brun lève les bras au ciel et le grand blond plie l'échine, tous deux se rejoignent dans une connivence qui fait fi de leur différence d'âge. Les derniers passagers embarquent. Je pose la question quelconque qui revêt la plus grande importance : « Quels sont nos numéros de siège ? » Hubert me répond que nous sommes placés devant une porte, je ne devrais pas me plier en quatre durant le vol. En plus, il affirme… détenir… des tartelettes à la fraise. Petit rire coquin de Fred, cette gourmandise vaut le détour. Il me lance « Bon, maman, on se pose et… on goûte. » Embarras du choix, foultitude de sièges vides dans la salle désertée, j'allonge mes jambes, ferme les yeux, retiens mon anxiété. « Tu peux me croire, l'avion est le plus sûr des moyens de transport », affirme Hubert. « Sûr », reprend Fred. Son père le hisse sur ses épaules, tout en riant « En termes de probabilités d'accident, mais lorsqu'il y a un couac dans les réacteurs, les statistiques prennent un sacré coup dans l'aile. » Une hôtesse se jette sur nous, affolée : « Vous prenez bien ce vol ? ». Hubert, joueur, lui rétorque : « Non, nous prévoyons une pause gourmande, en attendant le prochain bus pour le Mexique… » Chaque mot, chaque geste reste gravé en moi à jamais, parce que…

Cheminée sans flamme, la vie se déroulait devant lui, un ailleurs, un hier, dans les yeux de Barbara. Jim s'assit sur le rebord du canapé.

— Je prends place au 67 B, blottie dans mon fauteuil, ongles plantés dans le tissu de l'accoudoir, je psalmodie : « Mon Dieu, Verlaine, qu'aurais-tu déclamé en de telles circonstances ? On va s'écraser… » Mon fils me rassure par un « Non maman, juste s'envoler ». Nulle, je me sens si nulle ! Moi, la jeune maman, je donne le pire des exemples…

— Qu'est-il arrivé ?

Barbara mordit sa lèvre supérieure. Ses yeux brillaient de mille larmes contenues.

— Je n'alerterai pas la police. Je peux comprendre que tout ne se déroule pas toujours comme on l'a souhaité. Là, au mauvais moment, enchaînement d'événements. Vous ne l'avez pas tué ?

— Non… cela a dû être terrifiant de survivre…

Barbara fondit en larmes. Ses paumes écrasèrent ses sanglots, son passé. Jim s'agrippa au présent.

— Je dois contacter mon frère. Lui va nous tirer de là.

— Ici, nous sommes à l'abri. La ligne téléphonique est coupée, je n'ai plus de portable et vous non plus.

— Peut-être dans la voiture ?

LVII

QUI EST JIM ?

17 heures 26.

Sur la terrasse de la villa du bord de mer, la petite cuillère de Jasmine tournait à l'infini dans sa tasse.

— J'ai tué le kangourou ?

Luis se cala dans la chaise longue et répondit :

— Non, juste une amputation. Madame Brownsky va se charger de recoller sa patte.

Avec ce grand soleil, je propose de nous divertir en relançant l'histoire des mâles velus.

Il enclencha la bande, chapeau de paille en biais.

— *Décimé par une maladie apportée par les hommes de Cro-Magnon ou bien exterminé par eux, à moins que l'homme de Néandertal n'ait été victime d'un changement climatique ou d'un métissage avec l'Homo sapiens…*

— *Sir Bret, cette dernière hypothèse reste peu probable, preuve en est le petit Néan… Et si notre homme de Néandertal avait été dépassé démographiquement par les Sapiens ou encore le jouet d'une consanguinité trop forte ?*

— Quoi qu'il en soit, son apparition, il y a deux cent mille ans, son peuplement de notre continent sont avérés, par contre sa disparition reste une énigme toujours non élucidée.

— Pygmées, Inuits, Anglais, nous sommes tous des Homo sapiens. Tant de différence, néanmoins quelle force ! Pourquoi lui survivons-nous depuis près de trente mille ans ?

— Mystère d'une nature joueuse, madame Cornwell.

— Si longtemps… Des dizaines d'années que je mets à disposition mon empire et mes moyens financiers pour une unique cause : prouver que d'autres lignées ont passé la barrière du temps, perdues en forêt tropicale, préservées de la civilisation.

— Cette passion, ce vœu fou vous a liée, soudée à lui.

— Exactement mais l'accident nous a fait basculer dans l'abomination, alors que nous venions d'atteindre notre but… Il reste cloîtré dans son laboratoire depuis la tragédie.

— Il endure ?

— C'est peu dire, comment voudriez-vous qu'il en soit autrement. Souffrance physique et morale. Il se drogue au Miramol et, quand il vient à en manquer, il a des réactions névrotiques… Je crois néanmoins avoir trouvé la solution à tous ses maux.

— Laquelle ?

— Un certain Jim Flemming, un Français.

Le pouce de Jasmine écrasa le bouton.

— Jim, mon minou, mon chatounet, où te caches-tu ?

Relevant ses volants, elle escalada le muret de pierre qui séparait le jardin de la plage. Cette ascension de cinquante centimètres se termina par un roulé-boulé sur le sable.

Dans l'entrée, Pauline emboîta le pas à madame Polard qui pressa l'allure. Cette dernière était tout excitée.

— Venez, avec ce beau temps, ils sont probablement tous sur la terrasse. Vous allez apprécier le point de vue sur la mer, sublimissime… Ne sentez-vous pas cette odeur nauséabonde de calciné ?

Nez à l'affût et boîte à gâteau en main, Pauline avançait à pas feutrés, se glissant vers un inconnu peu rassurant. Son portable vibra.

Elle se délesta de sa gourmandise, posant le carton sur une desserte.

— Pauline, quoi de neuf ?

— Séb, Jim est vivant.

Sébastien poussa un cri de joie.

— Il est avec toi ?

— Non, je l'ai juste croisé dans une voiture de sport conduite par une certaine Barbara puis il a disparu… entraperçu, bien vivant. Lui ne m'a pas vu.

Sébastien se racla la gorge.

— Où es-tu ?

— À Saint-Pierre-Quiberon et toi ?

— En route pour Londres, comme convenu. Mais que fait-il là-bas et toi ?

— Un seul mot : « surréaliste » ! Je suis sur la trace de Jasmine Milan, et une certaine madame Polard, une de ses voisines, vient de m'annoncer qu'un sosie de Jim fréquentait depuis plusieurs mois Hélène Cornwell… J'ai un affreux doute, et si c'était bien ton frère qui l'avait accompagnée à Sydney, un séjour éclair en vue d'une adoption ? L'hiver dernier, il s'est échappé en solo, dix jours à Java, près de Florès, l'île où a été retrouvé le petit homme. Il nous a montré les photos de Djakarta… Et puis le masque à plumes pour Ben. C'est tout près de l'Australie… Non, cette madame Polard fait fausse route. Sébastien, tu me manques… Et Ferroni ?

Sébastien faillit s'étouffer.

— Tu me sembles confuse, mon frère est en vie, c'est l'essentiel ! Crois-moi, on est face à une machination… Ça va couper… Un pont… Rappelle-moi plus tard.

Pauline pleura, elle s'en voulait à mort de son inaction. Ferroni aurait sauté sur le volant, éjecté madame Polard, la plantant stupéfaite sur le trottoir devant sa boulangerie. En trombe, il aurait filé la voiture de sport, récupéré Jim. Voilà ce qu'aurait fait son père, mais elle, Pauline Flemming, était là, traversant cette demeure, suivant comme un toutou dressé la propriétaire des lieux.

Madame Polard coupa la réflexion de Pauline. En

déboulant dans le jardin, la joyeuse clama au petit groupe médusé :

— Mes chers amis, je tombe excellemment bien avec mon flan !

Madame Polard s'installa sur une chaise longue, proposa à Pauline d'en faire autant et poursuivit :

— … Vous êtes tous bien silencieux. Je rentre tout juste des Bahamas et vous retrouve ici à siroter de la caféine sur ma terrasse. N'avez-vous rien à me dire ? Bon, l'amie de Jasmine qui m'accompagne se trouvait fort inquiète, étant sans nouvelles. Aussi, nous voilà… Nous cherchons aussi à joindre un certain Jim Flemming, le beau-frère de Madame.

Pauline se sentit perdue. Qui étaient tous ces gens si excentriques ? Une mariée sur la plage, deux dandys sur des transats, une panthère aux ongles grenat qui lui servait un café en tremblotant…

Comme le groupe s'enfonçait dans un profond mutisme, madame Polard meubla le silence en partant dans un embrouillamini verbal qui mêlait ses divers séjours à l'étranger, sa furtive rencontre avec Hélène Cornwell et l'adoption. Tous tentaient de comprendre ses dires.

— Un sucre ? proposa nerveusement madame Brownsky à Pauline.

— Volontiers.

Pauline déposa dans l'herbe son portable pour saisir la tasse. Pressentant une ouverture possible sur le cas de Jim, elle demanda négligemment :

— Sauriez-vous où mon beau-frère se trouve en ce moment ?

— Absolument pas, avança Luis.

Madame Polard, perturbée par l'accueil glacial, renchérit :

— Peut-être que Jasmine le sait… Ne devrions-nous pas lui demander de nous rejoindre ? Pauline, je peux vous appeler Pauline, votre amie fait trempette sur le rivage et m'a tout l'air de mouiller sa robe de tulle. N'est-elle pas quelque peu dérangée ?

— En dérangement total ! pouffa Luis. Ainsi Jim Flemming est votre beau-frère ?

— Exactement…

— Eh bien… il a pris la poudre d'escampette avec un top-modèle. Quoi de plus normal pour un prostitué, de plus assassin, votre Jim a trucidé une Anglaise.

— Inimaginable ! Jim est un homme bien, il ne ferait pas de mal à une mouche, adore toute sa famille, a une vie rangée…

— Votre beau-frère a aussi tué son banquier ! Double homicide !

Arald intervint :

— Non, Luis, le procès de Peter Voland est clos, nous avons jugé que Flemming était innocent. Quant à l'affaire Cornwell, l'éclairage nouveau apporté par madame Polard la relance. Les précisions, bien que sommaires, apportées par madame Flemming, à ma droite, permettent de mieux cerner la personnalité de notre suspect, un homme du commun. L'intrusion de monsieur X, ainsi nommerons-nous notre géant des Carpates au nez vérolé, et la découverte de la cassette, conversation entre madame feue Cornwell et un certain Sir Bret, jettent le trouble sur les relations entre monsieur Flemming et notre Britannique.

Arald s'extirpa de sa chaise longue avec quelques difficultés. Marche de long en large, déambulation entre les parterres de buis… Enfin, il s'arrêta.

— En qualité de juge, je me permets de reprendre les faits sous un angle chronologique. Hélène Cornwell, demoiselle de soixante ans, quoique triplement divorcée, avait bâti sa fortune sur un concept simple : la beauté à prix discount, la cosmétique dans la grande distribution. Haïe de tous ses collaborateurs, la donneuse d'ordres dissimulait une passion étrange pour l'homme de Néandertal. Elle mettait ses finances à contribution pour mener une enquête souterraine sur la disparition de notre Néandertalien. Persuadée qu'il restait dans le monde quelques exemplaires de ce spécimen, elle courait la planète. Cette incroyable hypothèse, jamais démentie, ne pouvait être exclue. Elle partageait ce cheminement intellectuel avec Jim Flemming, son nez, c'est-à-dire son créateur d'effluves.

Pauline écarquilla les yeux.

— Impossible ! Jim travaillait chez Ty Pet.

— Une double vie, ma chère, quelconque avec ses proches et fougueuse dans l'intimité. Il a basculé avec l'entrée en scène du petit singe. D'ailleurs, Ty Pet, ce groupe est bien détenu à trente-trois pour cent par des fonds de pension québécois et en majorité par des capitaux anglais. Votre beau-frère se rendait-il parfois sur Londres ?

Pauline, consternée par le fait, se gratta nerveusement l'oreille. Cet homme disait vrai. Luis partit dans un petit sifflement.

— Arald, quelle culture économique !

— Je consulte la presse spécialisée, affirma l'économiste nouvellement reconnu.

Tout en chaloupant savamment, il poursuivit :

— Donc, monsieur Flemming – d'ailleurs fort possible que notre petit Peter, paix à son âme, couvrait ses agissements – connaissait fort bien Hélène Cornwell. À la découverte de l'enfant-singe, nos deux tourtereaux se prêtent à l'adoption. Tout cela se déroule en Australie. N'y a-t-il pas de jungle dans les alentours ?

Jasmine de retour de son bain de pieds, s'invita à la fête en séchant avec bruit ses volants humides.

— Des tas de kangourous… partout.

— Passons sur cela, prenez place, mademoiselle Milan, à côté de votre amie, lui intima Arald, pointant du doigt Pauline.

— Seriez-vous l'attachée de presse de Tom Cruise ? questionna Jasmine.

La paume de Pauline écrasa sa bouche. Elle avala la folie environnante.

— Jim Flemming démissionne, souhaitant se consacrer pleinement au petit Néan, son fils adoptif. Sans enfant, à ce jour ? questionna Arald, se tournant vers Pauline.

— Exact, mais il voulait juste changer de vie, fonder un foyer.

— Merci d'abonder dans mon sens. Le 5 juin dernier, les amants se retrouvent sur Vannes, une dispute éclate. Monsieur Flemming étrangle sa dulcinée.

— Peut-être un différend sur l'éducation de leur fils… avança timidement Luis.

Madame Brownsky frotta son cuir chevelu avec une telle insistance que Luis sourcilla, se demandant si la pauvre ne faisait pas une allergie à la couleur. Soudain, elle cessa de se grattouiller pour annoncer :

— Tiré par les cheveux… mais plausible. Où se cache maintenant l'enfant-singe ?

Une abeille butina. Presque trois minutes sans un mot, puis Pauline s'exclama :

— L'enfant est probablement sur Londres ! Mon mari et mon père, je dois les prévenir…

— Aucun coup de fil vers l'extérieur, nous délibérons à huis clos. D'ailleurs, je vous confisque votre portable.

Passant de la parole à l'acte, Arald tendit le bras pour atteindre le mobile.

— Enfin, Arald… ce petit est bien la clé du mystère. Sombreriez-vous dans la confusion mentale ?

— Absolument pas, madame Polard. Vous ne pouvez juger, vous n'imaginez pas ce que nous vivons tous depuis hier. Vous débarquez ici avec votre flan, mais nous sommes en pleine guerre !

— Tous cinglés et, en plus, dans ma villa !

Madame Polard fit signe à Pauline.

— Madame, venez, partons chercher Barbara et votre beau-frère !

Cinq minutes plus tard, Luis se précipita sur Arald, toujours nez au soleil.

— Madame Brownsky a eu grandement raison de lancer madame Polard et cette Pauline sur les indices laissés dans la maison. Elles fouillent partout pour retrouver une adresse les menant à Flemming et Barbara.

— Qu'elles mettent sens dessus dessous la chambre jaune et aussi grattouillent au fond de la coque de ce dériveur m'amuse. Madame Brownsky en chef d'équipe me laisse pantois. Elles feraient mieux de suivre la voiture de sport avec son coffre garni.

— Elles projettent de le faire… Bon, je vais préparer un petit encas.

— Tu peux même prévoir le dîner. Cette demeure est un véritable labyrinthe.

Alors que la fouille se poursuivait, Jasmine s'était attelée à une tout autre tâche en cuisine. Les épluchures de pommes de terre tombaient une à une sur une page de journal, posée sur le carrelage.

— Flop, je suis la reine du pot-au-feu.

— N'oubliez pas les carottes, Cendrillon !

— En haillons, cher Luis, avez-vous remarqué le gris souris de l'ourlet de ma robe de mariée ?

— Dès que nous aurons terminé nos tâches ménagères, je vous arrangerai cela avec du savon de Marseille.

— À l'amande douce ?

— Cela va de soi, Jasmine.

— Cette Pauline me semble peu coopérative. J'aurais préféré une tout autre belle-sœur.

La première carotte fut placée sur le bord du fait-tout, maintenu entre les cuisses du cordon-bleu.

— Parfait, continuez ainsi… On choisit son amant et pas la famille qui va avec.

— Vous-même, auriez-vous quelque différend avec celle d'Arald ?

— Bannie de nos cœurs ! Tous des homophobes !

Madame Brownsky fit intrusion dans la cuisine et s'effondra sur une chaise en rotin.

— Mes petits, que cela fait du bien de prendre un peu de repos. Ces deux dames m'usent, toutes ces questions, et puis la jeunesse hurle sur un portable. J'ai réussi à les piéger toutes deux dans la buanderie. Un peu de paix nous comblera tous.

— Dîneront-elles à table ? s'inquiéta Luis.

— Nous verrons…

LVIII

NÉANDERTAL

17 heures 35 - Kerhostin.

Jim rentra dans la maison, un manuscrit sous le bras.

— Pas de mobile dans la boîte à gants mais ceci sur le tapis de sol…

Barbara, toujours prostrée sur le canapé, respira profondément.

— Peut-être une piste ?

— Restez assise. Je vais vous faire la lecture.

Jim se contorsionna, puis cala l'ouvrage sur ses genoux.

Toujours entravées, ses mains manipulaient les pages avec difficulté.

— C'est en anglais.

Barbara tendit le bras.

— Donnez-le-moi, je suis parfaitement bilingue.

Elle lut « *20 décembre - Bornéo - Néan a cinq*

ans... » Elle poursuivit, vivant pleinement le récit, les sanglots dans la voix. À la page écornée, elle fit une pause.

— Cela m'est insupportable, ces monstres ont kidnappé un bout de chou en pleine jungle.

— Et exterminé toute sa famille, quel gâchis !

— Qui sont-ils ?

— Probablement des trafiquants d'animaux sauvages.

— Mais Néan est un enfant !

— Différent des autres, unique et fichtrement humain, même s'il ne parlera jamais.

— Franchement, déjà qu'un groupe de Néandertaliens ait survécu me semble littéralement impensable mais que personne ne soit tombé dessus à Bornéo, alors là, je hurle à la démence. Les Péans, les derniers chasseurs-cueilleurs de l'île, viennent tout juste de se sédentariser. Ils ont été rattrapés par la civilisation, des tractopelles ont fait des incursions en pleine forêt primaire, tout cela pour le bois !

— Leur a-t-on laissé le choix ?

— Non, une accélération folle. Tout comme pour cette tribu de Néandertaliens, isolée pendant des millénaires ; avec le vingt et unième siècle, leur fin se profilait, inéluctable.

— Comment ont-ils vécu pendant trente mille ans ?

— Au jour le jour, pas de saison marquée à l'équateur, la nourriture à portée de main, il leur suffisait de pêcher ou chasser puis de passer d'un abri à l'autre sans jamais se fixer, le nomadisme à l'état pur.

— Ainsi notre passé est devant nous et l'ordre du temps vient de s'inverser.

— Effectivement, l'humanité est plurielle et l'avait trop vite oublié, preuve en est Néan, le fils adoptif d'Hélène Cornwell.

Barbara tressaillit.

— Vous me semblez en savoir beaucoup sur ce garçon et aussi sur cette Cornwell, vous disiez ne l'avoir vue qu'une seule fois… Et l'individu qui possédait ce cahier, voulait vous délivrer, a priori, il se plaçait dans votre camp.

— Je ne connais ni cet enfant ni ce type qui a filé en abandonnant sa voiture de sport !

Barbara se renfrogna.

— Qui êtes-vous, Jim Flemming ?

— Un quidam qu'Hélène Cornwell s'est sciemment acheté. Elle a payé pour ma personne comme elle l'a fait pour Néan… Maintenant, continuez, nous allons peut-être découvrir la vérité qui me lie à lui.

Barbara tourna avec frénésie les feuillets, lisant en diagonale :

— 5 janvier, Agra en Inde, ensuite le jardin du palais du maharadja… Deux Indiens livrent le garçon à un réseau. Un nouveau périple, 25 janvier à Sydney, le petit est malade. Hélène Cornwell… c'est elle qui récupère Néan ! Elle le ramène en Angleterre… Cette femme est une malade !

— Était, notre Mister “quatre doigts” l’a proprement occise.

— Nous devons sauver Néan !

— Vous pensez à Fred, vous projetez sur lui l’image de votre fils, oh combien différent ! Il écœurait physiquement Hélène Cornwell, hermétique à toute fibre maternelle. Sa véritable mère était morte ainsi que tous les siens au milieu de la forêt primaire. Barbara, c’est fantastique ! L’hominidé n’avait pas stoppé sa marche, il progressait sans même imaginer qu’un autre survivait à ses côtés. Pulsations démographiques du genre humain, variables fortuites, environnement mouvant, changement climatique, le peuplement des continents au-delà du berceau africain ne s’est pas arrêté là. Nous portons nos ancêtres dans nos gènes et Cornwell ne le savait que trop. La génétique pouvait venir au secours de l’anthropologie. De Néan, elle a fait un objet de science.

— Vous intellectualisez, moi je parle avec mon cœur !

— Suivre mon cheminement intellectuel vous permettra de comprendre ce qu’Hélène Cornwell fomentait.

— Alors ?

— Elle se demandait comment savoir si un individu appartient à une espèce donnée.

— Simple, grâce à sa ressemblance avec les autres individus ou plutôt par sa capacité à se reproduire avec eux.

— Exact, eh bien, avec Néan, madame Cornwell se préparait à y répondre. Deux espèces différentes ne peuvent s'accoupler.

— Pourquoi le croisement d'un homme moderne et d'un Néandertalien ne pourrait donner naissance à un métis ?

— Il aurait été stérile. Si les deux espèces sont différentes, la descendance reste impossible. La réponse, Hélène Cornwell la détenait en chair et en os. Encore quelques années et l'accouplement aurait pu être tenté.

Barbara faillit s'étouffer.

— Votre Hélène Cornwell n'était pas seule à vouloir commettre l'atroce, son complice l'accompagnait en Australie, il indiquait la détester tout en étant… son amant. C'est vous qui avez rédigé cela !

Barbara balança le manuscrit puis se leva. Elle ouvrit un tiroir pour en sortir une feuille blanche et un stylo.

— Écrivez : « Je hais Hélène Cornwell ».

— Pourquoi je ferai cela, vous doutez de moi ?

Maladroitement, gêné par ses menottes, Jim obtempéra, se devant de la tranquilliser.

Barbara se tenait de côté, sa plaie saignait toujours un peu, elle se pencha.

Même écriture fine et légèrement inclinée. Elle tressaillit.

— Vous jouez un double jeu, fichtrement dangereux !

Jim se réfugia près de la fenêtre, se forçant à s'écarter de la jeune femme.

Fou, il devenait fou. Était-ce son journal intime ?

Féroce, monsieur X fit irruption, arme au poing.

— Jim Flemming, maintenant, on arrête la mascarade !

LIX

CONFIDENCES

17 heures 30.

Cognement des menottes, Jim tambourinait sur la porte.

— Emprisonné à nouveau, je suis maudit. J'ai l'impression qu'en nous enfermant, il veut gagner du temps, il joue contre la montre.

Barbara regardait Jim agir.

— C'est lui qui a assassiné Hélène Cornwell ?

— Oui, Ce type est un criminel.

— Il va nous…

— Tuer ? Eh bien, non. Il a l'air de tenir à moi… et comme je tiens à vous, je l'empêcherai de toucher à un seul de vos cheveux.

— Merci, mais je ne suis pas totalement rassurée.

— On est face à un coup monté tout comme pour le manuscrit. Néan n'existe pas, c'est impossible ! Ce costaud veut uniquement que j'endosse le meurtre d'Hélène Cornwell à sa place et que la police me retrouve vivant. En fait… cela m'a l'air plus complexe, quelque chose m'échappe.

Enragée, Barbara donna brusquement un coup de pied dans le bois.

— Vous échappe ! Tout file entre vos pattes et moi, je vais défoncer cette porte !

— Laissez-moi faire, vous allez vous blesser, déjà que vous êtes mal en point…

— Je suis à bout ! La claustrophobie, ça vous parle ?

— Vous avez pourtant bien réagi sous l'escalier.

Barbara explosa.

— Nous sommes dans la chambre de Fred !

Elle tremblait de tous ses membres, Jim la retint comme il le put, la forçant à s'asseoir sur le lit.

— Barbara, nous allons nous en tirer ensemble.

Avec mille précautions, Jim écarta le nounours blanc et le lézard en tissu vert pour qu'elle puisse s'allonger.

— Vous saignez toujours un peu.

Avec une extrême douceur, il défit les deux boutons nacrés qui maintenaient tant bien que mal le chemisier de Barbara. Belle, ce qualificatif prenait toute sa valeur avec elle.

Le pansement apparut sur sa peau brûlée. Jim le décolla avec délicatesse. Les points du docteur Miracle avaient été malmenés.

— D'anciennes brûlures ?

— Moches à voir… Je m'en contrefiche.

— Soit, mais la plaie est saine. Quant au reste, vieilles meurtrissures ?

— Eh oui, vous tenez une grande brûlée ! Sur tout le corps, au deuxième degré ; miraculeux, comme me l'ont asséné les chirurgiens, le visage, les bras et les mains intacts. Je hais…

— Vous haïssez ?

— Tous les miraculés, tous ces anxieux qui se terrent dans des cagibis, comme moi. J'ai attendu que l'airbus prenne de l'altitude pour déboucler ma ceinture et me réfugier dans ces fameuses toilettes, bien en queue, bien à l'abri. Voilà, aussi simple que cela, j'angoissais à mort et j'ai abandonné mon fils. Le miroir me renvoyait mon visage blême, j'épongeais mon front transpirant, je m'aspergeais d'eau et je trônais sur la cuvette, lunette abattue. Égoïste avec mon angoisse minable, peur de prendre l'avion, un moyen de transport si sûr.

— L'accident ?

— Effroyable, abominable… Tout a chaviré en une fraction de seconde. Nous chutions, mes tympans implosaient. Comme une lionne, je tentais d'ouvrir la porte, bloquée. Je griffais l'acier… Je l'ai laissé mourir… Mille fois, j'ai lu et relu les rapports. Des psychiatres, des experts en aéronautique, peu importe, tous m'ont précisé le déroulement exact avec de savantes théories. Je ne me souviens plus de rien, je crève de cette amnésie, chaque jour, chaque seconde. Cellule psychologique pour traumatisés, elle a bien fait son boulot, je ne me suis pas encore suicidée. Elle garde toujours un œil sur moi, de loin, sur moi et sur les autres, les treize à avoir survécu, tous en queue de l'airbus. Treize et pas quinze. Pourquoi eux et pas moi ? Si froussarde à l'idée de prendre l'avion que je les ai lâchement abandonnés. Le psy qui me suit, répète que je ne suis pas coupable, que ce nouveau travail chez Échec et Mat m'aidera à faire mon deuil. Il n'apprécie pas que je sois revenue dans la région. L'éloignement et la vie parisienne m'étaient salutaires, d'un autre côté, l'air de la mer. Crétin de première classe, il m'assiste à distance et m'est indispensable depuis lors. Six mois que je ne lui ai pas rendu visite, peut-être qu'avec Jasmine, je reprenais goût à la vie parce qu'elle ne me demandait rien, strictement rien… Votre tortionnaire, Jim Flemming, me mijotait juste des petits plats que je dégustais. Elle m'entraînait au presbytère pour écouter le père Raphaël. Elle a une telle foi en Dieu que je me mettais à y croire à mon tour. Voilà, vous savez tout, tout ce qui me ronge.

— Vous n'êtes absolument pas coupable, votre psy est dans le vrai !

— Non, Flemming ! J'aurais dû mourir, les petits bras de mon fils enfoncés dans ma poitrine. Ses derniers instants de vie, de terreur, sans sa maman à ses côtés, font de moi une coupable. Damnée pour l'éternité !

Jim s'approcha d'elle. Terrifiée après son long monologue, elle se roula en boule sur le lit, sa lèvre saignait. Morsure infligée. Il n'osa pas la toucher. Elle se déroula subitement.

— Je n'ai pas pu enterrer Fred. Aucune tombe pour me recueillir et pas plus de sépulture pour Hubert. Nous vivions séparés depuis deux ans… lorsqu'il a eu cette lumineuse idée, une escapade à trois. Je n'étais pas ravie, j'ai cédé pour Fred : son papa, il l'aimait et cela, je ne pouvais l'empêcher. Mon ex-mari, un coureur de jupons, néanmoins le père de mon fils a toujours su se montrer très persuasif…

— Ayez confiance en moi, Barbara.

La porte s'ouvrit. Monsieur X apparut, ombre géante, armée.

— Sortez, monsieur Flemming, je vais tout vous expliquer. Le moment est enfin venu, la vérité, je vous la dois.

Il s'adressa à Barbara avec dédain :

— Quant à vous, faites un somme, je m'occuperai de votre cas plus tard.

Jim lui fit un clin d'œil. Elle le savait, il reviendrait la délivrer.

Quatre minutes plus tard, dans le salon, la tenaille sectionna la chaîne d'un coup sec. Jim écarta les bras, soulagé.

Monsieur X pointa le sofa et ordonna :

— Maintenant, asseyez-vous et écoutez-moi. Je travaille pour Jeremy Harrods. Ce nom vous dit quelque chose ?

— Non, je devrais ?

Monsieur X sourit, surprenant rictus, tenant plus du soulèvement de babines que du sourire amical. L'heure était à la confidence, Jim tenta :

— Pourquoi avez-vous étranglé Hélène Cornwell ?

— Mais pour vous, monsieur Flemming ! Les griffes de cette femme se plantaient déjà dans votre face d'ange. Tout cru, elle allait vous dévorer le visage. Sans mon intervention, vous seriez mort à l'heure qu'il est. Le bloc opératoire vous attendait le matin même.

Jim déglutit.

— Ce fut une réelle délectation de la trucider. Effrontée, elle se tenait devant moi, évoquant vos ébats amoureux. Cela lui avait bien plu, lui rappelant des souvenirs avec lui. Plus de six mois qu'ils n'avaient pas fait l'amour. Alors, votre minois s'avérait un réconfort inespéré pour cette garce. Je lui ai cloué le bec en agrippant sa gorge, je serrais si fort, jubilatoire ! Elle se débattait, me suppliait des yeux et puis, plus rien. Cette tigresse est morte si vite que ma jouissance en a été ruinée. Tuer avec compassion tient de l'œuvre artistique.

Le tueur salivait.

— Ce fut si jouissif… c'est monsieur Harrods qui m'avait demandé de le faire. Il est extrêmement attaché à votre personne.

Jim s'exclama en se levant :

— Je ne le connais pas !

— Exact, mais lui sait tout de vous et plus encore, vos désirs, vos envies, vos plaisirs, votre attachement au petit Ben…

— Qu'est-ce que vient faire mon neveu dans toute cette histoire ?

— Charmant bambin, vous appréciez les enfants.

Terreur, Jim sentait une colère monter en lui. Est-ce que ce psychopathe songeait à s'en prendre maintenant à la prunelle de ses yeux, à son Ben à lui ?

— Si Ben était autiste, muet, handicapé… l'en aimeriez-vous moins ? Répondez !

— Ni plus ni moins, différemment. Cela rime à quoi ? Qu'est-ce que vous attendez de moi et Barbara, vous allez la libérer ?

— Tout doux. Vous avez un frère jumeau et je travaille pour lui.

Affaissement de Jim sur les coussins du canapé.

— En 1969, votre mère, Marie Kerlann a mis au monde deux nourrissons, ici même et dans le plus grand secret. Je crois qu'elle repose en paix dans le caveau familial au cimetière de Saint-Pierre. C'était une belle jeune fille lorsque son regard a croisé celui de votre père. Tenez, voilà deux pages de son journal intime, lisez et ensuite vous comprendrez… tout.

LX

LA MÈRE DE JIM ET JEREMY

Papier jauni, feuillets d'un cahier à spirale, Jim lut :

« *Je viens d'avoir vingt ans...*

Ce matin, j'ai cherché dans le dictionnaire, le mot adultère y a bien sa place entre adulte et adultérin. L'adultère, liaison extraconjugale soutenue ; adultérin, l'enfant, fruit du premier. Je suis enceinte et je ne le lui ai pas dit. Avant lui, au A, je croyais qu'il y avait Amour, uniquement.

Notre histoire a démarré à Noël dernier, ici à Saint-Pierre-Quiberon, par un rendez-vous chez lui à dix-huit heures trente. une bonne heure pour moi, avant le dîner familial, retrouvailles dans la maison de vacances. Un jus d'orange à la main, assise dans un fauteuil en cuir, mon envie de faire un stage en Angleterre et ce proche de mon père qui dirigeait une entreprise sur Londres. Un interrogatoire sur mon cursus, sans grand intérêt, et pourtant... il buvait mes paroles et moi, je rougissais. Le moindre mouvement de sa chemise blanche me faisait frémir. J'y percevais son épiderme au-delà du coton. De telles pensées me mortifiaient, alors je détournais le regard, me perdant dans l'espace du salon. Sa maison fleurait le célibataire. S'il avait une femme, elle n'était pas là, nulle touche féminine sur les murs.

Avec cette demi-heure à me consacrer, je me sentais honorée mais aussi gênée parce que troublée par-delà mes sens. Jamais, je n'avais éprouvé jusqu'alors ce genre d'émotion. Il était si séduisant avec ses cheveux gris et son accent british ! Tremblante, je lui ai griffonné mon numéro de téléphone, puis me suis enfuie dans l'obscurité d'une nuit, jusque-là ignorée.

À bien y réfléchir, je crois, non, j'en suis certaine, ce premier soir, nous le savions déjà : nous ne pouvions que nous revoir.

Une semaine plus tard, il m'a appelée. Aussitôt, je l'ai reconnu. « Allô, c'est Hugues. » À cet instant, sa voix m'a emportée au cœur de Londres, résonnant dans mon ventre, retenant mes paroles. Simple souffle léger, il s'est infiltré dans ma vie, courant d'air glacé et brûlant à la fois.

Entre février et mars, il m'a passé d'autres coups de fil et, à Pâques, nous étions amants. Cette folie, je l'ai voulue tout autant que lui. Ensemble, nous bravions tous les interdits, en pleine connaissance de cause. Je me suis crue adulte, invincible. Plus tard, j'ai eu mal, si mal !

Savoir qu'il la rejoint, celle qui vit avec lui sur Londres, me blesse dans ma chair. Si son mariage est de raison, néanmoins, il perdure depuis vingt-deux années. Souvent, je songe à leur fille. Elle a mon âge et se prénomme Hélène.

Par moments, je le hais… tout autant que lui, souffre.

Comment aurais-je pu ne pas succomber à son charme ? Il sait tant sur tout ! Il est cultivé, aime lire quatre livres à la fois, apprécie l'art contemporain. Je lui ai raconté ma passion pour les mondes perdus et l'archéologie et là, il m'a dit simplement qu'il avait soupé avec un dénommé Coppens. Comme ça, que ce jeune aventurier lui avait parlé d'un crâne d'hominidé qu'il venait de découvrir à Yaho au Tchad. Il se souvenait à peine de ce chercheur au CNRS. Moi, cela m'a bouleversée, Yves Coppens est mon idole, celle que je voudrais rencontrer un jour, un type qui ira loin… Je lui poserais des milliers de questions idiotes. Mais je ne dînerai jamais avec Coppens, pas plus que je ne passerai la porte d'un restaurant avec Hugues. La liaison cachée impose le mensonge.

Mai 1968, la France est partie en vrille, les grèves ont enflammé le pavé et moi, je ne suis plus allée à la fac… Le câble du téléphone a couru entre Londres et Saint-Pierre-Quiberon. Hugues a pénétré mon existence.

Ce matin, j'ai entendu sur les ondes que les Français avaient une fâcheuse tendance à ne pas capitaliser leurs expériences. Je voudrais pouvoir relire ces quelques lignes, un jour…

Au premier week-end de juin, il était à nouveau

là. Après quinze jours d'absence, il a voulu me voir et j'ai tout de suite su que nos plaques tectoniques allaient s'entrechoquer. Je lui avais offert mon rapport de soutenance, il le gardait précieusement à l'abri de l'air, dans le tiroir de sa table de nuit londonienne. Se voulant mon mentor, il m'en a fait une analyse d'une telle pertinence que j'en ai été pétrifiée. Bien au-delà de la petite étudiante que je suis, il me prédisait un brillant avenir. L'avait-il compris ? L'économiste en herbe qu'il voyait en moi, ne ferait pas de stage à Londres l'an prochain.

Fin juin, nous nous sommes revus. Mes souvenirs me blessent, ceux-là tout au moins.

Mi-juillet, il était en vacances avec sa femme, sur la presqu'île de Quiberon. Je n'ai eu de cesse de penser à lui. Ma stratégie d'évitement a fonctionné, nous ne nous sommes pas croisés. Bien que libre, je n'ai pas capté l'attention d'un seul autre homme. Enfin, je crois, car aveugle de naissance (de ce point de vue tout au moins). Si la gente masculine possédait des capteurs ou des petites lumières clignotantes sur la tête pour alerter du fait, ce serait plus net... Malou, ma cousine, a une théorie sur le sujet : "le garçon envoie des signaux". Je n'ai pas la machine à décoder et je ne sais où l'acheter. Je m'en mords les doigts et c'est tout.

Le 18 août, il a plu et il est passé en fin d'après-midi.

Frôlement de mon ventre, extase sur mes hanches,

compliments sur mon bronzage, il trouvait que j'avais pris des rondeurs. Tandis qu'il s'enflammait sur mon corps, objet de son désir, je me concentrais sur les lacets de ses chaussures, tête basse. Moi, j'arborais aux pieds mes précieux "Couacs". Le matin même, Malou, m'avait lancé : « On dirait des godillots d'infirmière de bloc opératoire ! » Donc, très moches.

Hugues m'a dit que j'étais belle, encore et encore, je voulais qu'il me murmure d'autres mots. Jamais, il ne m'a susurré « Je t'aime ».

Dans la pièce inondée par la lueur du jour, j'ai pleuré. Était-il l'oignon et moi, la pivoine ? Rose de nos ressemblances et de nos dissemblances. Moi, la fleur, merveilleux pliage de velours, qu'il aimait à effeuiller. Lui, l'oignon, aux détestables pelures qui me faisaient sangloter.

Je n'ai pas osé lui annoncer que j'étais enceinte, je lui ai simplement demandé de me laisser. J'esquivais, le repoussant, ne sachant réellement ce que je souhaitais. Il est parti, mimant un départ, revenant sur ses pas, repassant le seuil de la porte. Manifestement, par mon attitude, je le déconcertais. Il acceptait ma requête dans la douleur, imaginant que je mettais fin à notre amour impossible.

Non, je ne le balayais pas du revers de la main !

Je mourais d'envie qu'il me hurle : « Ma reine aux chaussures "Couacs", partons au bout du monde, maintenant… »

J'ai attendu ces mots, il ne les a pas prononcés.

Pourtant, Hugues m'a avoué, maintes fois, ne plus supporter mener deux vies parallèles. Pourquoi s'est-il débattu si peu, spectateur de son propre naufrage ? Je ne peux imaginer être une simple étoile filante dans son existence, néanmoins... jamais il ne quittera sa femme. Je lui ai imposé de ne pas l'évoquer devant moi, ni elle ni leur fille, Hélène. Leur présence a jeté une ombre sur notre avenir. Comment ouvrir le livre de l'homme que j'aime aux pages qui m'intéressent et sauter les chapitres qui me torturent ? Au fil du temps, nous risquions de nous enliser, de sombrer, de nous noyer. Intensité de nos rencontres, densité des moments partagés, le poids de l'infamie nous a enfoncés dans un marécage. Je me devais de lui rendre sa liberté. La mienne, il me l'avait déjà volée.

Maintenant, je doute de tout et surtout de ce que je vais advenir. J'ai si peur !

Je l'aime. Là est une certitude. Je ne sais si le point est final mais la pointe noire est bien là. Y aura-t-il un retour à la ligne ?

L'été court à sa fin. Le temps fait fuir les campeurs et moi, je me réfugie dans l'hiver sentimental avant l'heure.

Au lieu de pleurer sur mon sort, je devrais me faire belle et jeter mes délicieux "Couacs". Non ! Les ranger et les ressortir pour un garçon de mon âge qui les trouverait jolies... mais je ne peux pas, je suis enceinte.

À l'automne, je ne reprendrai pas la fac sur Rennes, je vais rester ici à Saint-Pierre-Quiberon, dans la villa de mes parents.

Mon père s'en contrefiche ; 1968, ce fut le "souk à l'Université", alors au moins ce bébé, cela sera quelque chose de bon pour 1969. Personne n'est au courant, uniquement Malou, qui me serine qu'elle connaît une tricoteuse. Cela me terrifie. Moi, je veux garder l'enfant, il naîtra en février de l'an prochain. Je mettrai des gros pull-overs avec la mauvaise saison, je ne crois pas que le bébé plaira à mes parents, mais après, ils le câlineront…

Je le jure, ce petit ne s'appellera jamais Cornwell comme son papa. »

Les feuillets tombèrent des mains de Jim, il hurla.

Monsieur X se racla la gorge.

— C'est Malou qui a assisté votre mère durant son accouchement. Elle a paniqué, en voyant sa cousine se vider de son sang puis mourir. Malou a emmailloté les deux petits, ensuite en a abandonné un premier sur le parvis de l'église. Elle s'apprêtait à laisser le second, lorsqu'une femme est sortie du cimetière. Malou a pris peur, a gardé votre frère et disparu en Angleterre. Cinq ans plus tard, elle épousait Sir Harrods qui a reconnu Jérémy. Marie Kerlann est également morte d'une hémorragie interne, sans que ne soit diagnostiquée une quelconque maternité. Le 23 décembre de l'année dernière, Malou décédait, laissant en testament, ces deux pages et le récit de sa fuite. Le 5 janvier, j'ai appris à Hélène Cornwell que je vous avais retrouvé. Peu après, il y eut l'arrivée de Néan, inespérée, et puis le drame.

Jim n'en revenait pas, voilà son premier souffle de vie, cette jeune fille dénommée Marie, cette maman qui agissait comme lui, cherchant un mot dans le dictionnaire, se passionnant pour l'archéologie. Énorme ! Ensuite, un jumeau et l'abominable, une demi-sœur, Hélène Cornwell qu'il avait tenue dans ses bras. Fou, en rage, écœuré, il serra les dents.

— Pourquoi l'avez-vous tuée ?

— Parce que Sir Harrods Junior me l'a expressément commandé. Ce qu'elle avait manigancé tenait de Machiavel. Il a eu raison. Elle avait placé des caméras partout.

— Où ?

— Dans votre nid d'amour, sur Vannes.

— Pour quelle raison ?

— La gémellité, mon cher Flemming ! Vous ressemblez à votre frère en tout point : la voix, les attitudes, les froncements de sourcils et, bien évidemment, votre visage. Hélène Cornwell voulait vous disséquer, vous scruter, vous décortiquer pour Harrods Junior, son amant… et demi-frère. Détenir des données au millimètre près, lui aurait permis de réaliser son plan. Vous dérober votre nez, votre menton, vos joues, vos lèvres.

Jim tressaillit.

Des gouttes de sueur perlèrent sur son front.

— Barbara a besoin de soins !

— Votre nouvelle conquête ? Vous allez vite en besogne. En fait, vous maîtrisez pour la cabriole, tout comme votre père.

Monsieur X rit, bien gras.

Quinze minutes plus tard, la bande comprimait la plaie et Barbara se pressait tout contre Jim. Monsieur X songea qu'il formait un beau couple, cela le toucha. Cette réflexion le titilla : devenait-il sentimental avec l'âge ? Il était grand temps pour lui que cette mission prenne fin ! Quand Jeremy comptait-il agir ?

— Monsieur Flemming, Hélène Cornwell envisageait la chirurgie plastique, la reconstruction faciale de Harrods Junior. En résumé, une greffe totale du visage, le vôtre. Sale histoire de famille…

LXI

JEREMY HARRODS

20 heures 50 - Banlieue londonienne.

Deux points lumineux au loin, le renard guette. Soudain, le kangourou surgit devant les phares. Propriété privée, grillages quasi infranchissables, le marsupial est dans le sérail, Ferroni et Sébastien se trouvent à l'extérieur. Ils sortent de l'habitacle pour tenter l'incursion dans le parc, cisailles en main.

Prairie fauchée, bottes de paille rondes, ils avancent vers le château, terrain en friche, ronces. Dame nature a repris ses droits sur l'espace, en contrebas des douves. Craquement sous les semelles, Sébastien tressaille.

— Le kangourou a des dents ?

— Aucune idée, mais les chiens de garde possèdent de méchantes canines.

Immense demeure, déserte, glaciale, et ce boudoir anglais, celui d'Hélène Cornwell – drôle de conception du boudoir ! Un royaume sans poudre, ni miroir, au parquet de chêne ciré qui craquait sous les pas. Torche en main, Ferroni et Sébastien jouaient à se faire des frayeurs dans cette galerie des monstruosités.

Sébastien n'en revenait pas d'être là dans la peau d'un agent secret, tenue de camouflage zébrée, du cirage sur les joues. Si Pauline le voyait, elle en resterait stupéfaite ! Elle l'avait supplié d'accompagner son père. Jasmine Milan, elle en faisait son affaire, et Jim, elle l'avait entraperçu. Sébastien n'avait pas peur pour lui mais pour sa Pauline adorée.

Ferroni colla son nez à la vitre et sursauta, la glace lui renvoyait le reflet de son visage, sa casquette se souleva sous l'effet d'une poussée de son crâne. Des bocaux s'alignaient : rangement par taille de fœtus de singes !

Dans un mouvement de recul, il vint heurter Sébastien.

— Bon Dieu ! J'ai eu la trouille !

— Hélène Cornwell, les singes la fascinaient littéralement, peut-être parce qu'ils ressemblent à l'homme…

— OK, chimpanzés, bonobos, gorilles et orangs-outans, émotions à fleur de poil, organisation sociale complexe et gestion des conflits par la sexualité.

— En quelque sorte nos cousins…

— Tout juste, look !

La torche de Ferroni éclaira une immense tenture de près de cinq mètres de haut. Des silhouettes se profilaient sur une échelle du temps. Au sol, moins sept millions d'années et Toumaï, ainsi se dénommait le premier personnage aux bras longs et ballants. Puis le saut dans le temps menait jusqu'à Orrorin et ensuite une flopée d'australopithecus tenait le pavé entre deux et quatre millions d'années. Plus haut, trois hominidés – un Homo erectus, un Homo habilis et un Homo rudolfensis – étaient présentés presque en ligne.

Le faisceau lumineux illumina le sommet de cette échelle. Sébastien s'exclama :

— Son schéma est faux ! "*The last*", c'est nous, l'Homo sapiens.

— Et alors ?

— Que fait cet homme de Néandertal à ses côtés ? N'a-il pas été éradiqué de notre belle terre ?

Éblouissement, la lumière jaillit du plafonnier.

— Vous êtes enfin là !

L'homme au masque mortuaire pointait un fusil de chasse dans leur direction.

Ce ne fut pas d'être tenu en joue qui fit chuter la torche de Sébastien mais la voix.

— Jim ?

— Non, Jeremy Harrods.

La casquette de Ferroni se souleva un peu plus. Le masque imitait à la perfection la peau humaine du cadavre, rigidité incluse.

Le visage blême d'un ersatz de Jim se décrispa pour ordonner poliment :

— Messieurs, veuillez me suivre dans mon laboratoire. Ayez l'obligeance de ne pas faire de bruit, mon fils dort.

Draps blancs, l'innocence enveloppait le lit, dans une bulle stérile.

Harrods chuchota :

— Je vous présente Néan, mon fils adoptif, le neveu de Jim.

— Mon frère ?

— Messieurs, écartons-nous. Vous disiez, mon frère, je préciserais le nôtre. C'est vous qui avez partagé ses goûters, ses premières conquêtes et non moi. Je vous envie pour cela, tant... Le temps ne se rattrape pas, jamais, il se pleure. Je crois qu'il fera un bon père, non, j'en ai la certitude. Ben accepterait-il un cousin si différent ? Néan ne parle pas mais éprouve des sentiments forts pour les autres. Hélène le considérait comme un objet de recherche, nos divergences de vue ont démarré là et puis elle a découvert l'existence de Jim et, après mon accident, elle a cru que l'argent pouvait tout acheter, alors je l'ai haïe. La haine est si proche de l'amour... Peut-on détester passionnément ? Avec Hélène, cela se pouvait. Je détestais ma demi-sœur.

Sébastien devint livide. Le jumeau de son frère était l'amant de sa demi-sœur et Jim aussi.

— C'est vous qui l'avez assassinée ?

— Exact, j'ai commandité son meurtre. Il le fallait.

Ferroni en professionnel, inspectait du coin de l'œil les lieux, pièce aveugle, le berceau à barreaux sous une bulle dans un coin, le bureau en face, la paillasse avec des dizaines d'éprouvettes en fond.

Un grognement le fit sursauter.

— Rocky, au pied ! Depuis qu'Hélène a fait abattre son fidèle compagnon, ce chien ne supporte plus les étrangers.

Salive, babines… la bête montrait les crocs. Puis le monstre se fit doux comme un agneau, Harrods déposa son fusil à ses pieds et chatouilla le museau de l'animal.

— Néan est un Néandertalien, un rescapé.

Jeremy Harrods ouvrit un tiroir du secrétaire pour en sortir une paille.

— Brandy ?

Ferroni murmura :

— Volontiers.

— Prenez place…

Les invités-surprises se calèrent chacun dans un fauteuil. La bouteille et trois verres s'alignèrent sur un bar roulant.

— Depuis l'accident, je me réfugie dans l'alcool… à la paille. Mâchoire en bouillie, j'endure… En fait, de moins en moins, avec les drogues. Le pire, j'ai perdu le sens olfactif. Oui, bien pire, le sens de toute mon existence s'est envolé.

Harrods s'assit devant eux, fusil au pied.

— Elle m'a légué toute sa fortune. Si on venait à découvrir que c'est moi qui l'ai fait tuer, eh bien, tout cela reviendrait aux bonnes œuvres, à moins que le gouvernement n'y mette son grain de sel. Pour Néan, nous aurons besoin de beaucoup d'argent.

De concert, Ferroni et Sébastien burent une rasade.

— Pour Jim, je ne suis au courant que depuis six mois… Malou, ma mère adoptive, a gardé son terrible secret, toute sa vie durant. Je suis le fils, tout comme Jim, de sa cousine, morte en couches. Malou a toujours su que j'étais un petit Cornwell et c'est même elle qui m'a mis, sans le vouloir, dans les bras d'Hélène. En arrivant sur Londres, il y a près de quarante ans de cela, elle a emménagé à deux pâtés de maisons de la leur. Nous allions au parc où monsieur Cornwell avait l'habitude de venir lire son journal. Il s'est pris d'amitié pour le petit que j'étais. A posteriori, je crois que nous nous étions reconnus. En plus d'un air de famille, nous aimions tous deux les glaces à la pistache, amusant… Par la suite, le monsieur a vieilli, je suis devenu un adulte et nous nous sommes perdus de vue. C'est à son enterrement que j'ai fait la connaissance d'Hélène Cornwell, je suis entré ensuite dans son entreprise. Si mon talent l'interpellait, je lui rappelais aussi son père, vraisemblablement, confusément. Ma mère, Malou n'a jamais su que j'entretenais une relation intime avec Hélène. Ce n'est qu'au décès de Malou que le mystère fut dévoilé, j'étais un Cornwell et j'avais un frère jumeau. J'en ai vomi à n'en plus pouvoir. Hélène et moi l'avons appris le 18 décembre de l'an dernier. Nous étions maudits à jamais. Quelques jours plus tard, c'est l'existence de Néan qui nous a fait un choc. Cet enfant portait les caractéristiques physiques d'un Néandertalien, restait encore à le confirmer. Hélène et moi étions totalement excités mais aussi écœurés car notre bonheur s'avérait impossible. C'est début janvier qu'Hélène a retrouvé la trace de Jim. Je crois qu'elle ne se serait jamais intéressée à lui, s'il n'y avait pas eu mon accident.

Jeremy ramassa son fusil et le posa sur ses genoux.

— J'aime chasser. Ce matin-là, il faisait un froid glacial, oui, le 10 février, sur toute la région de Londres, il neigeait à gros flocons. C'est silencieux la neige, ça étouffe les bruits, même les cris, tous les cris. Je marchais, pistant un sanglier qui s'était introduit sur les terres. J'ai armé, tiré mais n'ai fait que le blesser. Alors, j'ai suivi la piste au sang, rouge sur la poudreuse blanche, terrifiante. Soudain, mon chien est devenu fou et m'a sauté à la gorge. Mes bras ne m'ont pas protégé, je suis tombé et il s'est acharné. Le sang du sanglier, mon sang, ma chair… sur l'immaculé. Je serais mort, si la bête n'était pas intervenue.

Sébastien déglutit.

— Quelle bête vous a sauvé ?

Harrods tourna la tête en direction du lit de Néan.

— Où le genre Homo commence-t-il ? Je ne sais pas. Plus j'observe Néan, plus il me fascine, mais il s'affaiblit et la bulle stérile le maintient en vie dans une prison qu'il ne comprend pas… Je crois qu'il m'a pris, lui aussi, en affection… Demandez à Jim de s'occuper du petit. Il saura que faire. L'humanité qui manquait à Hélène, il la possède en lui.

Calmement, il arma son fusil.

Ferroni fit basculer le fauteuil de Sébastien, espérant esquiver le coup.

Tous deux à terre, en une fraction de seconde, la cervelle de Jeremy Harrods explosa sur le sol vitrifié.

Le téléphone du suicidé vibra contre sa poitrine sans vie.

Ferroni hésita longuement. Il enveloppa sa main dans son mouchoir puis farfouilla dans la veste du mort.

Au bout du fil, monsieur X expliqua la suite des événements, consternant son interlocuteur.

Jeremy Harrods était un planificateur, au-delà de la vie.

LXII

EXPÉDITION

21 heures 20 - Saint-Pierre-Quiberon.

Le pot-au-feu fumait dans les assiettes. Plus que quatre pour le dîner et le vin accrochait le palais d'Arald.

— Ce Pouilly, excellent, toutefois râpeux. Je vous ressers, madame Brownsky ?

— Avec plaisir, une larmichette, mon cher Arald Je dois vous concéder l'art de recevoir et aussi celui de la mise en bouche. Votre présentation du déroulement de l'affaire Cornwell m'a pleinement convaincue. Ne devriez-vous pas livrer vos conclusions aux autorités judiciaires ?

— Effectivement, l'idée est séduisante. J'omettrai cependant de mentionner les frasques de mademoiselle Milan, cette jeune femme recherchait l'âme sœur et cela s'avère si difficile dans ce monde de malotrus. Les hommes sont des carnassiers et notre batracien en robe de mariée en a fait les frais.

Jasmine planta sa fourchette toute droite dans une énorme pomme de terre.

— Voilà, je suis une grenouille et mon prince a choisi de me délaisser pour une gazelle. Merveilleux règne animal. Dieu m'en soit témoin !

Luis grinça des dents.

— Dieu nous sera témoin d'affamer deux dames ! Arald, puis-je les convier ?

— Ton bon cœur te perdra, mon bichon. Elles vont nous pourrir l'ambiance.

Dans la buanderie, juchée sur le lave-linge, Pauline s'énervait :

— Que va dire madame Rotier…

— Qui ?

— Une collègue de travail qui garde mon fils et je n'ai plus mon portable pour la prévenir.

— Saviez-vous que mademoiselle Wool possédait une maison à deux pas d'ici ?

— Qui ?

— La jeune femme qui conduisait la voiture de sport, devant la boulangerie. La chère voisine de Jasmine Milan se nomme Barbara Wool…

Coton, délicat, mélange, synthétique, les mots alignés sous les fesses de Pauline l'aspiraient dans un royaume laineux.

— Le pompon ! Pourquoi vous nous avez laissées mettre sens dessus dessous votre villa pour trouver une piste, une adresse, un calepin… alors que vous saviez ?

— Ce fut un réel plaisir de défaire les placards avec des amies… Uniquement cela. Parfois, je me sens si seule, alors partager… Je me perds dans mes aventures peu palpitantes, à dire vrai, mes voyages m'ennuient. Pauline, je vais vous épater un peu plus. Nous avions un coiffeur commun, mademoiselle Wool et moi-même, dans une "Boîte à Cheveux", des plus branchées qui soient : musique puissante pour dérégler les sonotones, couleurs vives sur les murs et sur les têtes de nos magiciens de coiffeurs. Il y a quatre ans, je me délectais du spectacle, papier aluminium sur mon crâne, et la grande demoiselle riait à mes côtés. Une beauté dérangeante qui s'amusait avec son petit – un amour qui s'agitait, les fesses sur un énorme coussin et la nuque dans le bac à shampoing. J'ai su plus tard le malheur… C'est à la terrasse du Bigorn'eau que l'annonce m'en fut faite par une "pie" de la localité alors que je sirotais une tisane de l'Abbaye. La belle venait de perdre son enfant dans un dramatique accident d'avion.

— Où ?

— Je n'ai pas plus de précisions… Un vol pour le Mexique, en phase de post-décollage.

— Non, où se trouve sa maison ?

— À Kerhostin, sur la commune.

L'oreille collée à la porte, Luis sursauta. Tour de clé, en un claquement de doigts, il apparut.

— Mesdemoiselles, je vous propose de vous joindre à nous pour le dîner.

— Pas trop tôt, j'ai une faim de loup ! asséna madame Polard.

À peine étaient-elles installées à table que Luis fit son annonce :

— Barbara Wool ayant une demeure sur Kerhostin, nous dînerons plus tard. Arald, cela ne te dérange pas ?

— Surréaliste, ainsi la coquine a un pied-à-terre dans la localité !

— Probable qu'ils y ont retrouvé refuge…

— Nous allons nous y rendre au plus vite, le jeu en vaut la chandelle ! Retrouvons Barbara et Jim ! Et puis, réchauffé, ton pot-au-feu n'en sera que plus savoureux.

Arald prit par la taille son aimé. Enlacement tendre. Madame Polard versa une larme. Elle avait eu beau aimer son homme, elle se sentait quelque peu jalouse de cette complicité homosexuelle. Jamais feu monsieur P., qui s'était drapé dans une dignité bienséante si longtemps, n'aurait eu ce genre de geste, le jugeant déplacé en public.

Arald déclara :

— Jasmine, mesdames Brownsky et Polard, et… ?

— Pauline Flemming.

— Maintenant que nous sommes tous les six décidés à reporter ce repas, préparez-vous à une petite sortie sur Kerhostin.

— Nous pourrions passer par Portivy, histoire de voir la côte sauvage et puis la chapelle ! Arald, je vous en supplie ! s'exclama Jasmine.

— Supplique qui me touche. S'accoutrer ainsi de tulle sans même cheminer vers l'autel ! Embarquons pour de nouveaux périples, détour par Portivy faisant.

En cinq minutes, tous se retrouvèrent dans la Chevrolet.

— Une expédition avec des amis. Grisant ! Bien que d'un autre temps, votre véhicule est fort confortable, lança madame Polard à Arald.

— Si je pilote ce bijou, je n'en suis toutefois pas le propriétaire. Cette Chevrolet de 1957 appartient à Luis. Elle lui rappelle son pays.

Luis battit des cils et Pauline souffla. Elle se demandait à nouveau ce qu'elle faisait là, coincée entre une mariée et un animal de cirque. De la gente féminine, seule, madame Polard lui paraissait un peu plus saine d'esprit, quoique… Enfin, ils agissaient et dans le bon sens !

Elle osa :

— Auriez-vous mon portable pour que je prévienne la famille Rotier qui garde mon fils ?

Luis se mit à glousser. Pouffement qu'il étouffa, serrant l'empaillé entre ses cuisses. Le kangourou faisait partie du voyage.

— Donnez-moi leur numéro, je vais leur expliquer que vous avez un léger contretemps…

— Prends ta voix virile ! avança Arald.

— Qu'insinues-tu par là ?

— Rien. Tente juste une pointe de grave pour faire crédible, moins efféminé.

Luis se racla la gorge, tout en tapant le numéro ânonné par Pauline.

— Oui, madame Rotier, je suis un ami de madame Flemming. Nous sommes en goguette et elle ne récupérera son chérubin que plus tard… C'est cela au petit matin… Exactement, un repas riche en fibres… Bonne soirée… Non, très bien, elle va parfaitement bien.

Luis raccrocha.

— Quelle plaie, ces mères poules ! Rassurée ?

Pauline savait Ben entre de bonnes mains et Jim vraisemblablement entre de mauvaises. Elle acquiesça, déboussolée par la tournure surréaliste que prenait le moment.

À Vannes, fatigué, monsieur Rotier, posa son attaché-case sur son bureau. Il écouta d'une oreille distraite les problèmes existentiels de sa femme. Que le petit Ben couche à la maison ne l'intéressait pas. Foutu déplacement sur Paris, sa charmante femme d'intérieur n'avait même pas idée du calvaire vécu !

Dans la Chevrolet, le cheminement pour se rendre sur Kerhostin se fit sinueux. Après une halte sur Portivy, tous réintégrèrent le véhicule. En claquant la portière, Jasmine clama, triomphante :

— Arald, grand merci pour ce détour sur Portivy !

Les volants de sa robe se souviendraient à jamais de la chapelle, de son entrée avec Arald à son bras, de Tom Cruise, sur l'autel. Petite photo mais tout de même, grande star. Luis chantait l'Ave Maria, ses gentilles demoiselles d'honneur n'auraient pas dû s'énerver de la sorte, la cérémonie fut si courte ! Et Jim qui se faisait attendre. Enfin… presque mariée.

Six minutes plus tard, la voiture fit une embardée, Luis au volant. Revolver 22 long rifle chromé au poing, Arald s'extasia :

— Comme c'est plaisant, cette jolie maison de pêcheur, typiquement bretonne. Madame Polard vous êtes certaine que c'est bien le nid douillet de notre Barbara ?

— Tout à fait, volets bleus, murs en pierre, hortensias et petite vue sur mer. Excusez-moi, j'ai œuvré dans l'immobilier et je garde la nostalgie de cette jeunesse faite de négociations, de propositions, d'acquisitions.

— Madame Polard, quelle cachottière ! Ainsi, vous avez été une femme active ? Maintenant, pénétrons en force chez mademoiselle Wool.

Arald sortit de la Chevrolet, garée à côté de la voiture de sport, puis avança de deux pas. Luis lui fit un petit signe complice en direction du coffre. Arald serra son arme et esquissa un « Chut », le molosse devait encore dormir bien à l'abri de l'air.

Dans son dos, la troupe féminine dansait le menuet. Drôle de cavalier au bras, Jasmine rayonnait avec son empaillé, elle dépassa le groupe et fit une incursion joyeuse.

— Coucou, Barbara, c'est nous !

Jasmine lâcha le kangourou et s'adressa gaiement à Jim :

— Mon chéri, tout est fin prêt pour la cérémonie ! Nous avons répété…

Toute la bande se retrouva plantée au milieu du salon face à monsieur X accoudé à la cheminée et à Jim assis à côté de Barbara. Arald braqua son revolver, tremblant. Jim se leva pour embrasser Jasmine.

— Ma chérie… tu le sais fort bien, j'ai tué Hélène Cornwell, je dois fuir au plus vite. Je ne peux t'imposer d'épouser un meurtrier.

Arald lustra la crosse sur sa manche et s'exclama :

— Alors, c'était bien vrai, vous êtes un assassin ?

Madame Brownsky balaya l'air d'un mouvement ample de ses bras.

— En tant qu'avocate, je rends ma robe. Coupable vous vous déclarez, je ne puis plus rien pour votre défense. Et pour Peter Voland ?

— Un accident de la route, uniquement cela.

Jasmine fit la moue.

— Tout comme pour Diana, sous le pont de l'Alma.

Monsieur X retroussa ses babines, heureux. Son crime parfait, celui du banquier, s'auréolait des paillettes de la jet-set. Jim ramassa l'empaillé et sortit du salon, avec un clin d'œil pour Pauline. Abasourdie, elle n'eut aucune réaction. Personne n'osa retenir le criminel.

LXIII

MÉNAGE LONDONIEN

« Au petit jour, la femme de la société de nettoyage la retrouvera là. Saleté de sang, qui colle, qui poisse, qui salit bien, impossible à enlever ; et puis du cerveau intelligent partout avec des bouts d'os éclatés, écœurant, pas plus beau qu'un cerveau de crétin ! Saleté de suicide qui perturbera dès le lever la femme au labeur. Aspirateur en main, elle hurlera. » Ainsi pensait Hélène Cornwell.

Différemment songea Ferroni. Il fit place nette en faisant disparaître le cadavre de Jeremy Harrods.

Étonnant personnage que ce beau-père ! songea Sébastien, alors il l'aida à l'inhumation.

En creusant dans le parc, Jim hantait ses pensées. Pour son frère, que ne ferait-on pas ?

ÉPILOGUE

5 janvier… un an déjà - Banlieue de Londres.

Ses parents dormaient encore. À peine réveillé, Ben errait dans la vaste demeure en pyjama. Dans le living, il sauta de joie en l'apercevant. Enfin, elle était arrivée, la carte postale tant espérée, là, posée bien en évidence sur une serviette blanche à côté de son petit-déjeuner, la carte de son oncle, cet explorateur, ce Dieu vivant, ce découvreur de princesse !

Ben sautilla sur place, songeant à Barbara, la femme IDÉALE de Jim. Qu'est-ce qu'elle était belle, presque autant que Lola Rotier ! En Bretagne, sa villa au bord de la mer regorgeait d'épuisettes et, mieux, elle grossissait du ventre… Ah, les rondeurs de la maternité, le cousin qui se trémoussait dedans, impatient de sortir pour téter des cocas glacés !

Ben se calma et tritura en tous sens sa merveille, il allait épingler son joyau à Vannes, dans sa chambre, au-dessus de son lit. À bien y réfléchir, il déposerait cette “Jungle de Bornéo” sur son étagère à trésors, avec sa collection de fossiles, de silex taillés et de poils de mammouths.

Il renifla le carton, flairant l'air du large. La croisière en bateau avec eux, cela lui aurait bien plus mais avec l'école…

Enfin, il retourna la carte pour décrypter les nouvelles. Néan avait finalement retrouvé ses semblables. Jim l'avait clairement écrit.

Ah, ce Néan, un drôle de poilu ! Un rigolo, un vrai singe qui grimpait si bien aux arbres ! Un as de la galipette, l'autre neveu de Jim. Même pas jaloux de lui. Près de Londres, il faisait bien trop froid pour cette star de l'athlétisme, en plus, il avait été gravement malade avec l'air pollué de la ville, et puis Jim avait dit que les siens l'attendaient au milieu des lianes…

Plus de six mois pour la débusquer, cette fameuse famille ; Jim venait même d'acheter une jungle pour eux, tous ses sous pour des rescapés, des Néandertaliens… Jim, quel blagueur ! Les hommes de Cro-Magnon avaient eu leur peau et il ne le savait même pas !

— Monsieur Harrods, votre breakfast est servi…

Ben s'attabla. La marmelade à l'orange, un régal, pourtant ce séjour à Londres, dans la propriété de son oncle le perturbait. Cette nurse anglaise l'appelait Harrods, comme Jim, nouvellement et étrangement renommé Jeremy. Chut. Il ne fallait pas le dire qu'il était un petit Flemming. En France, c'était différent. Ici, les kangourous envahissaient le parc. Gentilles bêtes. Son père lui avait chuchoté que l'un d'eux avait miraculeusement sauvé un homme attaqué par un chien méchant… Non, un féroce !

Ben regarda par la fenêtre. Dehors, le marsupial se dressa sur ses pattes arrière. Ben lui fit une révérence, c'était tout de même lui le héros de l'histoire !

FIN

Quadri Signe - Editions Alain Bargain
125, Vieille Route de Rosporden - 29000 Quimper
E-mail : contact@editionsalainbargain.fr
Site Internet : www.editionsalainbargain.fr

Dépôt légal n°5 - 2e trimestre 2009
7e tirage - Dépôt légal n°6 - 1er trimestre 2022
ISBN 978-2-35550-042-8 — ISSN 1281-7813
N° d'impression : 112660
Imprimé en France

Aux Éditions Alain Bargain

Dans la collection
ENQUÊTES ET SUSPENSE :

Michèle Corfdir
- Le Crabc
- Mortel Hiver sur le Trieux *(épuisé)*
- Chasse à corps à Bréhat
- Larmes de fond *(épuisé)*
- Vent contraire à Loguivy-de-la-Mer
- Herbes amères à Belle-Isle-en-Terre *(épuisé)*
- Il court, il court, le furet des Abers *(épuisé)*
- Fest-Noz sur le Nil *(épuisé)*
- Eau dormante en Trégor *(épuisé)*
- Nuits assassines à Paimpol
- Crime à l'Armoricaine
- Vendredi noir sur l'Arcouest *(épuisé)*
- Sueurs froides sur le Goëlo
- Baignade clandestine à Bonaparte
- La route s'arrête à Loguivy-de-la-Mer
- Brest, bombes sur les murs
- Vent de terreur sur Bréhat
- Paimpol, portée disparue

Bernard Larhant
- Quimper sur le gril
- Douarnenez, piège à Mouettes
- Les Galets de Tréguennec
- Les bas-fonds de Quimper
- Pas de pardon à Locronan
- Un pavé dans La Loire
- Psychose sur Bénodet
- Sang d'encre au Mans
- La Torche entre deux eaux
- Du Pastis dans l'Odet
- Les Ombres du Rennes-Quimper
- La Madone du Faouët *(épuisé)*
- Effet domino à Concarneau
- Le Môme de Fouesnant
- Hors la loi à Groix
- Omerta Bigoudène
- Alliance explosive à Audierne
- Jeux pervers à Quimper
- Chasse à l'homme au Ménez-Hom
- Dans les frissons de Nantes, *tome 1*
- Manhattan-Tréboul
- Diabolo Nantes, *tome 2*
- Tragédie à l'Île-Tudy
- Loire c'est noir, *tome 3*
- Stress de Brest à Trévarez
- Mort sur Erdre, *tome 4*

Jean-Jacques Égron
- Marais mouvant dans le Golfe
- Tracto Breizh
- Embruns toxiques sur Lorient
- Les Privés du Croisic
- Vannes à l'encre rouge
- Les oubliettes de la Presqu'île
- Engrenages sur la Côte Sauvage
- Gros plan sur La Gacilly

Martine Le Pensec
- Onde de choc sur Fermanville *(épuisé)*
- Angoisse sur Penmarc'h
- Lumière noire sur la Penfeld *(épuisé)*
- Printemps funeste à Brest
- 13e lune à Concarneau *(épuisé)*
- 32 octobre à Roscoff *(épuisé)*
- Terminus à Lannilis
- L'Enfer de Plogoff
- Alerte rouge à Brest *(épuisé)*
- Bad Trip à Lorient
- Le Cobra de Brest
- Le Mouton noir de Roscoff
- Sang pour sang à Recouvrance
- Amnésie sur Quimper
- Chat noir à Brest
- Bain acide à Douarnenez
- Noces de feu à Plouzané
- Pot aux roses au Cap Coz

Stéphane Jaffrézic
- Chili-Concarneau
- Ville bleue et beaux dégâts
- Disparitions en Pays Fouesnantais
- Tri Yann Tro Breizh
- Vengeances croisées à Nantes
- Escale forcée à Brest
- Dolmens sanglants en Bigoudénie
- Escapade à Landerneau *(épuisé)*
- Le mauvais fils de Guidel
- Murder party à Quimper
- Rendez-vous raté à Quimperlé
- La Korrigane de Concarneau
- Coup de chaud à Bénodet
- Trafic en Finistère
- Sirènes au Guilvinec
- Été torride à Névez

ENQUÊTES & SUSPENSE

Aux Éditions Alain Bargain

Dans la collection

®ENQUÊTES ET SUSPENSE :

Simone Ansquer
- Téviec, le Secret *(épuisé)*
- Aux tours de La Rochelle
- Grain de sable à Saint-Pierre-Quiberon
- Le mystère de la Cathédrale de Vannes *(épuisé)*
- Carnac, les menhirs disparus
- Bons baisers de l'île de Houat
- Nuit d'Enfer à Quiberon
- Belle-Île ne répond pas
- La captive de la ria d'Étel
- Dérive sur la Presqu'île
- Bruits de Vannes

Serge Le Gall
- La secte de l'Aven *(épuisé)*
- Sables mouvants à Bénodet *(épuisé)*
- La Douarneniste et le Commissaire *(épuisé)*
- Corps-mort à l'Île-de-Batz *(épuisé)*
- Traque noire à Audierne *(épuisé)*
- Fugue mortelle en RÉ *(épuisé)*
- Le moine rouge de Carantec *(épuisé)*
- La Sirène de Port Haliguen *(épuisé)*
- Coup fourré dans les Monts d'Arrée
- Vagues à lames à Noirmoutier *(épuisé)*
- Dépression sur les Glénan
- Belle-Île "Amère" *(épuisé)*
- Calvaire à Plougastel-Daoulas *(épuisé)*
- Course-poursuite sur l'Aven *(épuisé)*
- Cible ultime dans les Montagnes Noires
- Rouge baiser de Crozon *(épuisé)*
- Sac de nœuds à Trévignon
- Retour coupable à Pont-l'Abbé *(épuisé)*
- Quiberon Enrage *(épuisé)*
- Secrets salés à Fouesnant
- Fausses notes à Larmor-Plage
- Jeux de drames à Douarnenez
- Nature morte à Pont-Aven
- Châtiment à Port-Launay
- La belle endormie de Port-Manech
- Matin blême à Rosporden
- Coup de balai à Carnac
- Mortes-eaux à Riantec
- Héritage de sang à Concarneau
- Vengeance d'automne à Quimper
- Bain tragique au Pouldu
- Retour de bâton à Plogoff
- Le malin de Trégunc
- Le Loup gris de Scaër

Bernard Enjolras
- Îlot mortel à Trégastel
- 3 petits singes en Côtes-d'Armor
- Mauvais sorts dans Le Trégor
- Micmac à Ploumanac'h
- Sale temps sur Penvénan
- Jeu d'échecs à Perros-Guirec
- Guêpier à Tréguier
- Jackpot dans le Léon
- Requiem à Paimpol
- Escale à Cancale
- L'inconnue de Saint-Thégonnec
- Code assassin à Trébeurden
- Les merlettes de Granit rose
- Liens de sang à Guingamp
- Treize gastel

Jacques Minier
- Traque mafieuse à Saint-Malo
- Double peine à Rennes
- Saint-Brieuc de mille feux
- Celtitude en Argoat
- Erquy on the rocks

Michel Courat
- Ça meurt sec à Locquirec
- Marée rouge à Plestin-Les-Grèves
- Coup de grisou à Pleumeur-Bodou
- Mort en vrac à Morlaix
- Sauvage farandole à Paimpol *(épuisé)*
- Mise à mort en Bretagne nord *(épuisé)*
- Masques de Terreur à Lanmeur
- Été meurtrier à Tréguier
- Le raisin coule à Lesneven
- Le Diable s'invite à Locquirec
- Morts à gogo à Plouguerneau
- Morlaix, TERminus !
- Les dessous de Plougasnou
- Granite écarlate
- Dernier tango à Plouescat
- Semaine noire en Pays léonard
- Vent de panique à Lannion
- L'Ange maudit de St-Michel-en-Grève
- Week-end de folie à Bégard
- Les secrets de Camaret